Em busca de cerejas

nas trilhas de Santiago de Compostela

Rosaly Senra

Em busca de cerejas

nas trilhas de Santiago de Compostela

GUTENBERG

Capa
Jairo Alvarenga Fonseca

Fotos
Rosaly Senra

Editoração eletrônica
Waldênia Alvarenga Santos Ataíde

Revisão
Graça Lima

2004

Gutenberg Editora

São Paulo
Rua Visconde de Ouro Preto, 227 - Consolação
01.303.600 - São Paulo/SP - Tel.: (55 11) 3151 2272

Belo Horizonte
Rua São Bartolomeu, 160 - Nova Floresta
31140-290 - Belo Horizonte/MG
Tel: (55 31) 3423 3022 - Televendas: 0800 2831322
www.gutenbergeditora.com.br
e-mails: editora@gutenbergeditora.com.br (geral)
vendas@gutenbergeditora.com.br (vendas)

Senra, Rosaly

S478 Em busca de cerejas: nas trilhas de Santiago de Compostela / Rosaly Senra. - Belo Horizonte: Gutenberg, 2004.

164 p. : il.

ISBN 85-89239-13-6

1.Literatura brasileira - Descrições e viagens. 2. Santiago de Compostela (Espanha) - Descrições de viagens. 3. Peregrinos e peregrinações - Espanha - Santiago de Compostela. I. Título.

CDD 914.0446

CDU 821.134.3(81)-992

Aos eternos e atemporais amigos do caminho...

Agradecimentos

Ao Carlos Fernando, que me propôs o desafio da escrita.

Ao Pedro Maravelli, que abriu seu portal *www.webamigos.net*, para a publicação virtual.

Aos amigos Álvaro Starling e Demetrius Caesar, primeiros leitores e revisores.

Ao Eliseu Christo, internauta número 1, amigo virtual.

"Cereja: é uma das frutas fundamentais
na decoração das mesas de noivado e casamento, pois
significa o amor. Em poções e banhos, tem a função de
atrair um parceiro. Os ciganos afirmam que as cerejas
são diuréticas e calmantes."

O projeto Caminho de Santiago

2000 foi um ano dos mais difíceis da minha vida. Precisava sair do buraco existencial em que estava e vislumbrar alguma coisa num horizonte qualquer. Na busca por algum projeto, veio a idéia de fazer o Caminho de Santiago. Precisava "inventar" um motivo para continuar vivendo!

Mas, por que esse caminho, tão falado e percorrido? Eu já conhecia Santiago de Compostela. Em 1993, num encontro com bailarinos da companhia Corpo na cidade do Porto, em Portugal, recebi o convite para acompanhá-los até lá. Na ocasião, percorrer quase 800 quilômetros a pé era absurdo e inimaginável.

Peguei a fotografia onde apareço ao lado dos bailarinos Bernardo, Letícia e Quik em frente à Catedral de Santiago e coloquei-a no meu painel. Fiquei pensando até me decidir. A partir dali, essa seria a minha "razão de viver".

Escolhi o "caminho francês", saindo de Saint-Jean Pied de Port, na França, aos pés dos Pirineus, passando por Santiago, indo até Finisterra – o ponto extremo oeste da Europa. Finisterra significa "fim do mundo" – época em que a humanidade acreditava ser plana a terra. Ali, ao pôr-do-sol, eram feitos rituais de morte e renascimento.

Descobri que meu bisavô, galego, nascera numa aldeia chamada Almofrei, da província de Pontevedra, bem perto de Santiago. Ali, ficaria fácil procurar seu registro de nascimento, descobrir alguma história do sobrenome que carrego, parentes talvez. Meu bisavô, Francisco Senra Martins, como muitos galegos que vieram "fazer a América", saiu do porto de Pontevedra com quatro irmãos, no ano de 1881. Em Minas Gerais, abriram estradas, acharam ouro. Morreram, mas as famílias cresceram...

Preparativos

Revistas, livros e guias [1]. Foi mais fácil do que eu imaginava. O Caminho de Santiago "tá na moda" e várias reportagens têm saído sobre o assunto. A internet está cheia de sites [2], alguns bem interessantes.

Ainda sem falar para ninguém, comecei a comprar as coisas imprescindíveis [3]. Primeiro, um bom calçado. Para quem se pretende andarilha, nada como uma bota bacana! Depois, uma mochila adequada, uma calça versátil, um agasalho leve para o frio dos primeiros dias.

O segundo passo foi comentar com alguns amigos. Xavi, que conheci em Linares, na Andaluzia, e hoje mora em Barcelona, disse-me ter feito *el camino* de bicicleta em 1992. *Lo único que te puedo decir es que hay que vivirlo. Merece mucho la pena y te lo recomiendo, yo que lo he vivido en mis carnes.* Foi mais que um incentivo.

[1] Sugestões de Leitura

ALDANA DE CONDE, Graciela. *La travesia creativa.* 2. ed. Santa Fé de Bogotá: Creatividad e Innovación Ed., 1998.

BRAVO LOZANO, Millán. *Guía práctica del peregrino el camino de Santiago.* Madrid: Ed. Everest. [s.d.]

CAMINHO de Santiago, rota francesa: 840 km de bicicleta. São Paulo: Renata Falzoni Produção – X-treme team, 2001. 1 fita de vídeo (63 mim), VHS, son., color.

CARVALHO, Jr. Francisco. *A Caminho de Santiago.* 2. ed. Recife: Portucale, 1998.

EL CAMINO de Santiago a pie: monumentos, gastronomía, albergues, etapas. Madrid: Ed. El País, 1999. 215p.

FRONTÓN, Isabel. *El arte románico en el camino de Santiago.* Madrid: Ed. Jaguar, 1999.

GOMES, Cádmo. *Caminho de Santiago*: 4 rotas para conhecer a magia de Santiago de Compostela. Rio de Janeiro: Nova Era, 2001.

MACLAINE, Shirley. *O caminho:* uma jornada do espírito. Rio de janeiro: Sextante, [s.d.]

MAQUI. *Guia do peregrino do Caminho de Santiago.* 2. ed. São Paulo: Ground, 1997.

PESSOA, Ciro. Pela estrada adentro. *Viagem e Turismo,* São Paulo: p. 42-51, out. 2001.

REIS, Sérgio. *O Caminho de Santiago:* uma peregrinação. Rio de Janeiro: Artes e Ofícios, [s.d.]

RIBEIRO, Lucia Amaral de Oliveira. *Histórias de uma peregrina: Santiago de Compostela e outros caminhos.* São Paulo: Aquariana, 2000.

SHARP, Anna. *A magia do caminho real.* 7. ed. Rio de Janeiro: Rosa dos Tempos. [s.d.]

SINGUL, Francisco. *O Caminho de Santiago: a peregrinação ocidental na Idade Média.* Rio de Janeiro: Ed. UERJ.[s.d.]

VIDIGAL, Marina. O caminho sagrado. *Viva Feliz.* São Paulo, v.1, n. 7, dez.1999, p. 58-63.

[2] Dicas de Links

www.caminhodesantiago.org.br – site da Associação Brasileira dos Amigos do Caminho de Santiago no Brasil (AACS-Brasil) – Amigos da Rota *Jacobea* – sede Rio de Janeiro.

www.santiago.org.br – site da Associação de Amigos do Caminho de Santiago de Compostela – Brasil – sede São Paulo.

www.caminhodesantiago.com.br – o mais completo site em português sobre o Caminho de Santiago. Lá eu consegui todas as informações relevantes e atualizadas.

www.caminho-portugues.quap.pt/index.htm – site da Associação dos Amigos do Caminho de Santiago do Norte de Portugal. Traz também informações sobre o caminho a Fátima.

www.caminodesantiago.consumer.es/ – Traz dicas importantes, detalhadas e atualizadas, inclui preços e tabela de cálculos de gastos para todo o percurso do caminho francês – em espanhol.

www.santiago.com.br – site de Guy Veloso. Fotos, dicas práticas, depoimentos – em português.

www.ciudadfutura.com/xacobeo/index.htm – em espanhol, com links de chats, endereços etc.

www.booksharp.com.br/Santiago/caminhosantiago.htm – dicas de Anna Sharp.

www.xacobeo.es – página oficial do Governo de Galiza (em português e várias outras línguas).

www.uol.com.br/pezzatti – home page de Ricardo Pezati, que inclui dicas para futuros peregrinos de bicicletas.

www.amazon.com.br/~loren/ – site simples, mas com dicas interessantes.

www.iyhf.org/home–gb.html – site do Hostelling International.

www.templarios.org.br – site sobre os templários.

www.ciudadfutura.com/lostemplarios – site sobre os templários.

Para quem pretende ir a Finisterra a pé, Márcio Guedes fornece informações detalhadas no site: *www.caminhodesantiago.com/finis.htm*

http://ventealcamino.fiestras.com/ – site em espanhol.

[3] Coisas Imprescindíveis

(*Corte itens, ou adapte-os à sua necessidade. Durante o trajeto você pode comprar o que lhe falta. A redução do peso a carregar é seu maior aliado.*)

Equipamentos:

⇨ MOCHILA – Curtlo Mountaineer 40 litros, de *nylon* cordura, com dois bolsos laterais e um superior com espaço externo para garrafas d'água;

⇨ POCHETE – Curtlo Survivor 3,5 litros, de *nylon* cordura, com duas divisões e dois bolsinhos laterais pequenos;

⇨ BOTAS – Salomom, modelo fronterra, com palmilha absorvente e amortecedora, revestida de impermeabilizante Gore-tex e com sistema de laçado rápido, que permite um ajuste firme e rápido;

⇨ CANTIL – optei por levar garrafas de água de 500ml de plástico, revestidas de papel térmico.

Roupas/Higiene Pessoal e Primeiros Socorros:

⇨ ***Na mochila***

Grande bolso: roupas e acessórios

CALÇA COMPRIDA de material leve e lavável, tectel (uma)

CALÇA COMPRIDA de algodão fino (uma)

BERMUDA de algodão (uma) ou

SAIA-CALÇA de tecido leve (uma)

ROUPAS DE BAIXO, conjunto calcinha e sutiã (três)

BLUSA DE MALHA, manga curta de algodão (duas)

BLUSA DE MALHA, manga comprida de algodão (uma)

CAMISETA cavada de algodão (uma)

MEIA FINA de algodão, sem costura (três pares)

MEIA GROSSA de algodão ou do tipo Coolmax (três pares)

ANORAK, de *nylon* impermeável (um)

AGASALHO para frio (um)

CHAPÉU estilo safári (um)

LENÇO para sol (um)

JOELHEIRA (um par) – somente se tiver os joelhos fracos

TOALHA DE BANHO: pano de fraldas grandes (uma)

CHINELO – havaianas (um par)

SACO PARA DORMIR, feito de tecido de lençol (um)

Outros acessórios:

SACOS PLÁSTICOS para proteção da carga contra chuva (vários tamanhos)

CAPA PARA MOCHILA impermeável (uma)

FILMES FOTOGRÁFICOS – asa 100 e 200 (seis)

FITAS PARA GRAVADOR – 60 mim (duas)

CONCHA DE PEREGRINO, costurada na mochila (uma pequena)

⇨ ***Bolso superior: dois sacos plásticos separando as miudezas.***

No primeiro saco, os primeiros socorros:

VICK VAPORUB para usar entre os dedos e evitar atrito (ou)

POLVILHO ANTISSÉPTICO para usar entre os dedos

POMADA DE PRÓPOLIS E CALÊNDULAS

ALGODÃO (pequeno chumaço)

EXTRATO DE PRÓPOLIS para usar como cicatrizante e anti-séptico

Comprimidos: DORFLEX (relaxante muscular) / CENTRUM (complexo vitamínico)

BAND-AID / ESPARADRAPO

No segundo saco, itens de higiene pessoal:

Escova de dente para viagem, pequena e dobrável / pasta de dente / fio dental / pente pequeno / sabonete, metade / bucha vegetal / hidratante / filtro solar - fator 60 / aparelho de depilação descartável / absorventes higiênicos / sabão para lavar roupa, metade.

Peso total: 5,9 kg

Documentos

⇨ ***Na pochete***

Parte central: (documentos) passaporte / credencial do peregrino / guias do caminho: roteiro de altitudes e albergues / passagem aérea / dinheiro (em cheque de viagem: 500 euros + cartão de crédito / câmera fotográfica Pentax zoom 90WR e um filme Fuji – asa 100 / tripé para câmera / lanterna pequena / alguma comida: barras energéticas, frutas secas, chocolate / caderno de notas / caneta / lápis / minigravador.

Bolso direito: algum dinheiro, moedas.

Bolso esquerdo: fósforo / espelho / protetor labial / tampões de ouvido.

Bolso à frente: colher pequena / canivete suíço pequeno / bússola / alfinete.

kit de costura: agulhas e linhas / cortador e lixa de unhas / pinça.

Peso total: 1,5kg

Márcia, amiga de outros tempos e de outras confidências, de Londres, perguntou-me se eu tinha como propósito realizar o projeto sozinha ou se aceitava a sua companhia. Achei ótimo e, a partir daí, fomos *internetando*, afinando nossas motivações. Ela fez previsão de férias e foi se ajeitando por lá para nos encontrarmos em Barcelona.

Meu caminho foi acontecendo nesse quase um ano que antecedia a viagem. Em novembro, contei para a minha família; em dezembro, entrei numa academia de ginástica. Nos fins de semana, andava ao redor da lagoa da Pampulha. No janeiro seguinte, estava em Arraial d'Ajuda, no sul da Bahia, e andava diariamente, pela praia, no mínimo 12 quilômetros. Lá, tive um princípio de tendinite, sem muito problema.

Depois tive dois desmaios: um, na ginástica; outro, depois de subir uma escadaria. Talvez não estivesse me alimentando bem. Isso serviu para sinalizar o quanto é necessário o respeito ao próprio corpo e aos avisos que ele dá. Fiz um *check-up* e percebi que esses sintomas eram a somatização tardia do período difícil de depressão pelo qual passei. Estava abaixo do peso. Precisava reagir, e a decisão de fazer o caminho me enchia de força e sensatez. Os tempos foram mudando, e eu acreditava que eles mudariam ainda mais. Passei a comer melhor e meu corpo começou a se definir.

Tratei de fazer a reserva da passagem aérea e fiquei esperando tarifas mais baratas, de baixa estação. Os preços não caíram. Quando já precisava emitir o bilhete, lá pelo mês de março, aconteceram os episódios do acidente com a plataforma da Petrobrás (P-36), que afundou, e o início da derrocada econômica da Argentina. O dólar disparou. Quando a moeda estabilizou, finalmente paguei minha passagem.

Nessa altura, planos e planos foram refeitos e trajetos modificados. Optei por uma passagem da KLM, empresa holandesa que me levaria à Barcelona com escala em Amsterdam. Isso aconteceu em 11 de abril de 2001, um dia particularmente nervoso.

Com a passagem na mão, saí para providenciar, junto ao Ministério da Saúde, o seguro-saúde, fundamental para uma aventura dessas. Resisti em procurar a Associação Brasileira dos Amigos de Santiago e pegar a "credencial de peregrino". Acabei cedendo, já que só com a credencial obteria a autenticidade da caminhada. Chegou finalmente o dia.

23 de maio

BH – São Paulo – Barcelona

Meu vôo estava marcado para oito e meia da manhã, saindo do Aeroporto Antônio Carlos, da Pampulha, para o de Congonhas em São Paulo. Levantei-me às seis horas e tomei banho. Estava ansiosa, havia dormido pouco. Na véspera, saí para me divertir com a equipe do longa-metragem "Amor Perfeito", filme de estréia do jornalista mineiro Geraldo Magalhães, que acabara de ser rodado em BH. Era noite de despedida para todos. Eliane, amiga bruxa de muitos anos, prontificou-se em me levar a Pampulha.

Recém-motorista, carro novo, ela com a insegurança dos iniciantes e eu com a ansiedade dos que partem com desejos de mudanças. Não houve qualquer problema de trânsito. Chegamos bem adiantadas, o que ajudou a segurar minha ansiedade e fez crescer a autoconfiança. Finalmente, depois de programar, por quase um ano, viajaria para cumprir minha peregrinação até Santiago de Compostela e um pouco além: Finisterra, fim da terra, de onde tudo deveria recomeçar.

Esperava por um telefonema de um especial amigo de Sampa, o que não aconteceu e me deixou indignada. Deveria eu procurá-lo, estando de passagem pela cidade? Talvez pudéssemos nos encontrar, conversar um pouco, despedir. Por via das dúvidas, levei um presente vivo: um *cactus* sem espinhos.

O próximo vôo me levaria até Barcelona. Sairia de Guarulhos às sete e meia da noite e teria todo o dia para ir de um aeroporto ao outro. Em São Paulo, ligo para outros amigos: Sandra fez festa ao saber da minha empreitada. Disse-me palavras de confiança e desejou sorte. Henrique lastimou não poder me acompanhar dessa vez (havíamos viajado juntos para os EUA quando fomos a um *halloween* em Salem) e relembrou nossa viagem tão divertida em outubro de 1999.

Depois de várias tentativas, consegui finalmente falar com o Café. Percebi que ele não estava bem e que não podia me encontrar por causa de trabalho. Perguntei sobre as questões pessoais. Ele dissimulou, sem conseguir disfarçar seus tormentos. Tentou me encorajar. Disse que não conseguiu falar comigo em casa, na véspera – a secretária eletrônica estava desativada. Falei que deixaria, num quiosque do aeroporto de Congonhas, um presente pela passagem de mais uma lua nova. Almocei ali mesmo, sozinha, mas tranqüila. Nada mais poderia fazer. Só, segui em frente, como tinha me preparado.

Tomei o ônibus especial da TAM que me levaria ao aeroporto internacional. De lá, falei novamente com Henrique, tomei café com pão de queijo, o último dos próximos três meses. Pus algumas cartas no correio, liguei para minha mãe. Tinha um sono imenso, mas resistia. Teste de paciência. Rotina de aeroporto. Ainda teria quase vinte e quatro horas de trânsito até Barcelona. Registrei a câmera fotográfica e o minigravador na Polícia Federal. Atravessei o portão de embarque.

Deixei o Brasil com medidas anunciadas de racionamento de energia elétrica, ameaças de apagões e o Senado Federal de ponta-cabeça com a abertura, pela Comissão de Ética, do processo de cassação do mandato de Antônio Carlos Magalhães e José Roberto Arruda, acusados de violar o painel eletrônico de votações.

24 de maio

Barcelona

Cheguei a Barcelona às duas e trinta e cinco, hora local, depois de uma rápida escala em Amsterdam. Vôo tranqüilo, mas tive uma leve indisposição. Apesar do sono, não consegui dormir suficientemente. Na verdade, o cansaço era superado pela vontade de já respirar os ares espanhóis. Xavi, o fiel amigo de Barcelona, esperava-me no aeroporto com sua apaixonada noiva. María Jesus, menina tímida, contida: sua simplicidade me cativou. Fomos comer alguma coisa. Ela voltaria a trabalhar, e Xavi tinha conseguido dois dias de folga para me receber e apresentar a linda e singular Barcelona. Singelo carinho catalão.

Ele me contou do imenso amor que está vivendo com María Jesus e dos planos de viverem juntos. Xavi está ansioso por casar, deixar a casa dos pais, poder trabalhar na profissão de cientista social e voltar a escrever para jornais, como fazia anteriormente. Os dois trabalham em dois turnos, em empregos maçantes, para quitar logo o apartamento que compraram. Felicidade transbordante no olhar de ambos.

Recordamos o momento em que nos conhecemos, na cidade de Linares, no sul da Espanha. Naquela época, eu o via sofrer num louco e desgastante triângulo amoroso. Falei de meus objetivos e do meu momento. Fazer o Caminho de Santiago seria um tempo para estar "fora do mundo", responder a um chamado interior, a uma imposição cósmica. Ao mesmo tempo, estar disponível para reconhecer minhas forças e minha capacidade de superação.

Passamos num banco para conversão da moeda (1 dólar = 1,15 euros). Fomos à Catedral Sagrada Família, obra do arquiteto Gaudí: imensa, bela e inacabada. Subimos várias torres, a cidade toda aos nossos pés. Descemos o grande labirinto que são as torres da grande igreja e perdemo-nos. Xavi me chamou a atenção ao fato de termos perdido a orientação ali. Falou que, naquele momento, descendo o labirinto da Sagrada Família, eu iniciava a minha peregrinação buscando a saída, o meu verdadeiro caminho de vida. Esse é o sentido de muitos peregrinos a Santiago.

Um *tour* pela cidade e paramos na casa de Angélica, amiga brasileira vivendo há somente três meses em Barcelona; recém-casada, ainda em fase de adaptação à nova vida. Angélica não estava quando chegamos, mas Karem, de 19 anos, e T'ai Sophia, nove, suas filhas de dois casamentos anteriores, receberam-nos com festas. Levei goiabada mineira e as novidades do Brasil.

Angélica chegou logo depois, e falamos do apagão e dos escândalos da política brasileira. Enquanto comíamos um autêntico menu catalão –*pan tomaguet*: pão, tomate, azeite e sal; *escalivada*: berinjela, tomate, pimentão e cebola cozidos; e *esquexada*: bacalhau e favas, falamos dos amigos comuns, da minha gana em fazer o caminho, de filosofia, de teatro, de educação e de arte. Angélica, contou sua experiência em se adaptar num país com tantas diferenças culturais, com as filhas vivendo momentos distintos. Karem, adolescente, e T'ai Sophia, criança ainda, capaz de perceber e melhor assimilar as diferenças das línguas, da escola e dos costumes. Na escola, aprende catalão, ouve castelhano na rua e, em casa, fala português.

Felix, o novo marido de Angélica, e Xavi participavam da conversa feminina. O exemplo maior é a disposição do Felix na grande mudança ocorrida em sua vida: há três meses era um homem solteiro e vivia só. Agora, casado, assumindo as obrigações de pai de duas meninas estrangeiras.

A noite chegou. Precisávamos ir, porque o dia seguinte impunha compromissos. Só eu estava livre e sem horários.

Xavi me levou à casa de seus pais em Cornella de Llobregat, na grande Barcelona. Cedeu-me sua cama e foi dormir na casa de María Jesus. Sua família me acolheu delicadamente. Estava muito cansada por toda a intensidade vivida, além do mal-estar natural pela diferença do fuso horário de cinco horas.

25 / 26 / 27 de maio
Cornella de Llobregat / Barcelona

Em Barcelona, procurei me acostumar com o fuso horário e me integrar, naturalmente, à rotina de vida dos meus anfitriões. Era a oportunidade para sentir a vida num outro universo cultural e perceber as diferenças e semelhanças. Sempre gostei de viajar, mas a condição de "turista" nunca me motivou. Sempre senti que só é possível conhecer um país, uma cultura, quando se é permitido integrar à nova realidade. Entrar nas casas e conhecer as acomodações das pessoas, adaptar aos horários, hábitos, cardápios, enfim, à maneira de viver suas vidas. Isso, sim, é enriquecedor! E, nesse momento, eu já estava mergulhada na Espanha, um país rico de manifestações culturais, algumas tão iguais às nossas, outras tão diferentes.

Acompanhei Xavi no seu trabalho de entregador de encomendas especiais: o que lhe rende algum dinheiro, mas não acrescenta grandes coisas. Enquanto isso, ia conhecendo a bela e exótica Barcelona. Conversávamos sobre nossos anseios, metas de vida, dificuldades, sobre a luta diária pela sobrevivência digna; refletíamos sobre nossos sonhos materiais, afetivos e espirituais. Xavi falava pouco, mas seu olhar era de doçura e contentamento por me acolher. Senti uma imensa felicidade.

No sábado, integrei-me à vida doméstica da família que me acolheu. Saí com Antônia, a mãe de Xavi, às compras: passamos na padaria e ela deixou reservados uns pães – companhia obrigatória das refeições e essencial para os famosos *bocadillos*, que, muitas vezes, substituem as principais refeições dos mais humildes ou de quem tem pressa. Fomos depois ao mercado, onde ela comprou carnes, laticínios e peixes. Esse, como os nossos, é especial: todos se conhecem e conversam animadamente.

No domingo, voltei a estar com Angélica, que me emprestou o livro *La travesia creativa*, da colombiana Graciela Aldana de Conde. Obra tão fascinante que li *de un tirón*. Fala das nossas crises internas e da importância do "salto para o desconhecido" de quem se propõe viajante, peregrino. Ela afirma:

> Quem empreende o caminho iniciático realiza uma viagem de consciência que permite recuperar a austeridade, contatar sua alma ao frescor do caminho, realizar um bom combate consigo mesmo para discernir o que se passou com seus sonhos e transformá-los graças ao caminho.

E ainda:

> O mais importante de tudo é que o viajante tem sua própria meta, sabe o que busca, ensaia rotas, se perde, volta a encontrar o caminho e, sobretudo intui que as viagens, antes de tudo, são mudanças internas. Que a verdadeira travessia acontece por dentro e que esta é, sobretudo, uma metamorfose na qual deixamos coisas para ficarmos mais leves, deixando morrer o que não serve e desfrutarmos o presente. Praticando, sabemos o quanto é difícil a arte do desapego e nos abrirmos ao surgimento do novo. (Aldana de Conde)

Tirei dessas frases lições importantes como desafios para minha própria superação. Pelo que já me conheço, sou sentimental, regida pelo elemento água, saudosista, de boa memória, prendo-me a detalhes e a sutilezas. Aprender o desapego, principalmente o desapego às pessoas, passa a ser o maior desafio. Minha viagem estava só começando...

28 de maio

Barcelona

Acordei finalmente já adaptada ao horário e bastante descansada. Xavi chegou logo depois para me apanhar. Colocamos minha mochila no seu carro e novamente acompanhei-o no seu trabalho de entregador de encomendas. Às duas e meia da tarde, fomos ao aeroporto receber Márcia, que chegava de Londres.

Eu estava ansiosa. Finalmente começaríamos nosso planejado Caminho de Santiago. Márcia e eu havíamos nos falado pouco ou quase nada sobre a viagem que faríamos juntas. Não nos víamos há mais de cinco anos, mas a velha amizade segurava a minha insegurança. Uma certeza absoluta de que nada mais me detinha contagiava-me. Márcia finalmente chegou, e Xavi nos levou à casa de Angélica, que nos tinha convidado para o último almoço de antes do caminho.

Xavi não pôde ficar e se despediu ali. Ele devia assumir seu outro emprego. Pediu que o mantivéssemos informado durante nossa peregrinação. Deu um forte abraço e deixou-nos perceber sua pontinha de inveja por não nos poder acompanhar. *Ultreya*, ele disse, usando a conhecida saudação aos peregrinos, que quer dizer força, coragem, creia na sua própria capacidade e tenha perseverança!

Tudo virou festa! Outro almoço catalão, com conversas atravessadas. São muitos os assuntos, muitas as novidades de três amigas separadas há muito. Márcia está há dez anos em Londres, não conhecia Barcelona. Os assuntos se cruzaram, ficaram interrompidos; rimos de muita coisa, lembranças antigas. Falamos de nós mesmas, dos nossos amores, das culturas que nos envolvem e das coisas do mundo. Eu, com essa "invenção" de fazer o Caminho de Santiago, não me expliquei muito.

Nós, as três brasileiras, almoçamos e fomos a pé pelas históricas ruas do *Barrio de Grácia* buscar Tái Sophia na escola, que fica no *Parc Güel*. Angélica contou a história do parque e de Barcelona, com destaque para Gaudí, um dos maiores artistas da Espanha, que morreu como indigente depois de ter sido atropelado por um bonde e socorrido no *Hospital San Pau*, uma preciosidade da "arquitetura moderna catalã".

Márcia relembrou sua história de amor e de quando encontrou seu marido: na época, lá pelos idos de 1989, numa outra viagem comigo pelo litoral norte de São Paulo. Mais uma dessas aventuras malucas de barraca e mochila nas costas. Há quanto tempo! O tempo não segue linha reta, nem nossas conversas, nem nossas memórias ou nossos desejos...

O sol acabara de se esconder – eram mais de nove horas. Passamos em casa: banho rápido, chá com torradas, mochilas nas costas. Felix e Angélica nos levaram à *Estación de Autobuses*, bem perto da estação do metrô *Arc de*

Trionf. Próxima etapa: Pamplona e Saint-Jean Pied de Port. Finalmente iniciaríamos nosso Caminho de Santiago!

29 de maio – dia zero

Barcelona – Pamplona – Saint-Jean Pied de Port

Chegamos a Pamplona às cinco horas num ônibus que nos deixou no meio da rua e não numa estação rodoviária. Desceu também, tão perdido quanto nós, um argentino de mochila. Gustavo veio a Pamplona para visitar um tio, que é padre num lugarejo ali perto. Ele nos perguntou alguma coisa e seguiu conosco até encontrarmos alguém para nos informar em que direção estava o centro da cidade.

Precisávamos saber como faríamos para ir a Roncesvalles ou Saint-Jean Pied de Port. Na tal rodoviária, encontramos uma única pessoa numa banca de jornal que rispidamente nos disse que não havia ônibus. As empresas de transporte estavam em greve e não haveria meios de sair de Pamplona. Antes de qualquer desespero, chegou um senhor e abraçou Gustavo. Aproveitei e disse que éramos peregrinas e queríamos saber como fazer para ir a Saint-Jean. Ele nos reconheceu brasileiras e logo disse:

> – Ainda é muito cedo e hoje não há ônibus. Vocês podem vir comigo. Eu estou indo para Espinal, que fica quase na fronteira com a França. Mas só vou por volta de onze horas. Se vocês não têm pressa... Vamos primeiro tomar um café, para acordar, depois dar uma volta para meu sobrinho conhecer Pamplona.

Quase não acreditamos! Afinal, não tínhamos mesmo outra escolha e alguma coisa dizia que já estávamos sob "as bênçãos do caminho".

O dia começava a amanhecer e as formas de Pamplona se definiam. Padre Izidro nos levou até seu carro, abriu o porta-malas e disse:

– Coloquem aí as mochilas, vamos procurar um café.

Naquela hora da manhã, estava tudo fechado. Entramos no seu carro e começamos a rodar pela cidade. De repente, o carro adentrou num complexo hospitalar. O padre explicou que estávamos num dos maiores hospitais do norte da Espanha e que todos os prédios eram interligados subterraneamente. Tudo faz parte da Universidade de Navarra, uma das mais conceituadas do país. Nosso anfitrião levou-nos direto à cafeteria de maternidade onde poderíamos comer alguma coisa. Surpresas, caímos na risada: era cedo demais, até para uma cafeteria de maternidade!

– Bom, já que temos que esperar, vamos conhecer a cidade!

Fomos então ao centro histórico: praça dos touros, prédio do governo de Navarra, a antiga fortaleza, praça do *Ayuntamento* (ou prefeitura local), os monumentos, as ruas onde acontecem as tradicionais corridas de touros das festas de *San Fermim* (7 de julho). Um *tour* completo! Tudo muito divertido, com gentilezas e bom humor.

Finalmente achamos a *Cafeteria Bahia*. Café, leite e *croissants*. Padre Izidro nos perguntou por que tantos brasileiros fazem o Caminho de Santiago. Falamos do fenômeno Paulo Coelho, *best-seller* em todo o mundo e responsável pela crescente divulgação das histórias do caminho no Brasil.

Ele continuou a conversar: contou sobre Roncesvalles, a primeira parada espanhola do caminho francês. Roncesvalles é um lugarejo fundado em 1127. Abriga o Hospital de Peregrinos, construído pelo então rei de *Castilla*, d. Fernando. O lugarejo só existe em função da milenar peregrinação a Santiago. O padre informou que hoje moram ali somente 29 pessoas. Ressaltou a Missa dos Peregrinos, que acontece diariamente às oito da noite e acolhe até 120 pessoas. Cristãos ou não recebem a famosa bênção inicial. Disse-nos que há peregrinos de todo o mundo, mas o número é cada vez maior de franceses, de espanhóis e de brasileiros, que afirmam vir por motivações diversas: culturais, artísticas, espirituais ou históricas e não apenas, como no início, por serem cristãos.

Finalmente, depois de muita conversa e de percorrermos toda Pamplona, seguimos em direção a Espinal, atravessando vários *pueblitos*. Padre Izidoro então resolveu dar uma esticada e nos levar até Saint-Jean. Adoramos!

Gustavo, o sobrinho, também gostou de poder chegar até a França. Enquanto descíamos as curvas acentuadas da estrada, passamos por peregrinos que subiam os Pirineus. No outro dia, estaríamos nós subindo todo aquele ziguezague!

Chegamos a Saint-Jean Pied de Port às treze horas. Fazia um calor imenso. Estávamos tontas por tantas curvas, mas imensamente agradecidas. Padre Izidro e Gustavo nos deixaram e nos saudaram da maneira como iríamos ouvir muitas vezes: "*Buen Camino! Suerte!*".

Saint-Jean é a entrada na Espanha para os peregrinos vindos da França. Cortada pelo rio Nive, era, como tantas outras cidades medievais, cercada por uma grande muralha. Aos nossos olhos, parecia sair dos contos de fadas: céu imensamente azul, casas de pedras, um castelo, muitas árvores, muito verde. As pessoas nos cumprimentavam com um sonoro *bon jour*.

Agora sim! Primeiras emoções, primeiras iniciativas de peregrinas.

Fomos até a sede da Associação dos Amigos de Santiago e, finalmente, carimbamos nossas credenciais, selando nossa condição de peregrinas do Caminho de Santiago de Compostela!

Mergulhamos naquele cenário enquanto esperávamos abrir o albergue. Não tardou muito e, às duas e meia, chegou Janine, a hospitaleira que nos recebeu com carinho. Hospitaleiras são pessoas que trabalham como voluntárias, normalmente ligadas às Associações dos Amigos do Caminho de Santiago, a congregações religiosas ou mesmo aos municípios. Janine registrou-nos no livro de entrada e nos mostrou as dependências da casa: banho com água quente, sala de convívio e leitura, cozinha e quartos coletivos e mistos. Tudo muito limpo e organizado. Instalamo-nos num quarto com três beliches.

Logo depois chegou George Eduardo, um carioca de 28 anos que trabalha em informática. Ele planejara sua viagem desde 1996, motivado por conversas com amigos. Veio sozinho. Buscava algo novo, uma experiência que o fizesse crescer. Queria momentos de interação consigo mesmo.

Para todos ali, o sentimento era um misto de felicidade, ansiedade, crença, aventura, desejo de entrar logo no novo e planejado universo. A ordem é de Fernando Pessoa:

> Contemplar tudo como se fosse um viajante adulto chegando hoje à superfície da vida. Poder ver as expressões separadas das que sempre

> nos foram impostas, fixar tudo por uma primeira vez, não apocalipticamente, como reveladores de mistérios, mas diretamente, como florações da realidade.

Saímos para comprar alguma coisa que levaríamos na marcha do dia seguinte. Sabíamos que, nessa primeira etapa, não haveria onde comer. Compramos também um cajado: mais que símbolo do peregrino, um apoio necessário. Com George, tomamos cerveja. Brindamos nosso início de caminhada. No albergue, fizemos o jantar. Depois, banho e cama.

30 de maio – dia 1

Saint-Jean Pied de Port – Roncesvalles – 24,9 km – doze horas de caminhada

Levantamos às cinco e meia. Outros também já se aprontavam para sair. Depois de um café ligeiro, partimos seguindo as setas amarelas – sinais bem marcados desde a saída do albergue.

Começamos a subir ao amanhecer, por volta das seis e quarenta. Na saída da cidade, uma placa indica dois caminhos até Roncesvalles. Um segue a estrada. É mais curto e moderno. O outro é a *Route de Napoleón*, traçado tradicional. Uma tabuleta anuncia seis horas e vinte minutos de caminhada. Foi o que escolhemos.

Seguimos entre áreas de cultivo e pastoreio, onde vacas e ovelhas cruzavam a rota. A paisagem fazia lembrar as montanhas de Minas, mas tudo era novo. A natureza misturava cores e aromas. Fomos encontrando outros peregrinos: uma americana de 45 anos estava com certa dificuldade em caminhar e parava muito; uma família de alemães, com filhos pequenos, seguia sem bagagens; franceses, espanhóis, brasileiros.

Os idiomas se misturavam, mas o comentário era único: o trecho é o mais duro e difícil do caminho, mas muito bonito. O dia estava ensolarado e quente, as sombras começavam a ficar esparsas. Fazia calor. De repente, encontramos uma torneira com água bem fria. Bebemos água, abastecemos nossos cantis, fizemos festa. Percebemos que as mochilas começavam a pesar e que o cajado era um grande amigo.

A família de alemães parou para um piquenique: toda a bagagem consistia em comida para aquele dia. Soubemos que eles estavam acompanhados por carros de apoio. Às vezes, os europeus fazem somente uma parte do caminho, por alguns dias ou um fim de semana. Esses não são considerados peregrinos e não têm direito a pernoitar nos refúgios. [4]

[4] Normas para o uso dos refúgios

⇨ Ao longo do Caminho de Santiago, algumas prefeituras, paróquias, associações e outras instituições põem à disposição dos peregrinos lugares de alojamento com a intenção de manter a tradicional hospitalidade do caminho.

⇨ Nem todos os albergues dispõem das mesmas comodidades e os peregrinos devem aceitar de bom grado o que lhes é oferecido, sabendo que isso sempre é fruto do trabalho desinteressado de muitas pessoas.

⇨ Há que se comportar com educação, ajudar a manter limpas as instalações e cuidar delas, pensando sempre nos peregrinos que virão depois.

⇨ A maioria dos albergues não têm subvenção oficial, mas mesmo assim são gratuitos, contando somente com o donativo e a colaboração espontânea dos peregrinos para sua manutenção e limpeza.

⇨ Os refúgios são para uso exclusivo de peregrinos ao estilo tradicional (a pé, de bicicleta ou a cavalo) e portadores da Credencial do Peregrino. Não se admitem reservas e os lugares disponíveis são ocupados por ordem de chegada.

⇨ Para facilitar a acolhida, durante os meses de verão, é necessário que os grupos de peregrinos que têm "carros de apoio" portem também barracas de acampamentos, já que os albergues se destinam a peregrinos individuais que carregam suas mochilas.

⇨ Aos ciclistas, se aconselha parar em localidades onde há albergues de maior capacidade de alojamento, uma vez que a preferência de alojamento é para os peregrinos a pé.

Seguimos subindo. Paramos à sombra de uma única grande árvore. Outros peregrinos também pararam e compartilhamos nossos lanches. Quase todos, além de chegar a Santiago, almejavam, cada um a sua maneira, mudar alguma coisa em suas vidas.

Passamos por alguns marcos: uma fonte quase sem água, uma imagem da Virgem, um marco com o símbolo da vieira (concha de Santiago). A rota começava a se modificar: saindo da cidade, era uma trilha estreita, arborizada; depois asfalto, uma trilha entre pastoreio; mais adiante, um descampado sem árvores, muita subida, alguma descida e horas de caminhada. Ainda estávamos longe de chegar a Roncesvalles. Precisaríamos de muito mais força. Os pés ainda estavam em forma, o corpo também. Não havia por que reclamar.

Mais adiante, depois de uma grande subida, sem sombras, um presente: uma encosta cheia de árvores e um riozinho. Havia ali um carro inglês abandonado! Paramos, tiramos as botas, arriamos as mochilas: um descanso mais demorado. Percebi que um nó na minha meia começa a incomodar. Cortei a meia, que ficou com um buraquinho. Naquele momento, muito ainda faltava até o próximo refúgio da rota de Napoleão, marcada com cercas, pedras, adesivos brancos e vermelhos fixados ou pintados em árvores.

Mais adiante, por volta de cinco horas da tarde, depois de descer por uma trilha cheia de pedras e passar pelas ruínas de Elizarra, sentimos que estávamos perdidas. Voltamos e percebemos nossa distração ao entrar numa floresta. Anselmo, um paulista que encontramos logo no início do trajeto, tentou nos avisar, mas não prestamos atenção. Essa foi a lição do dia.

Finalmente, às seis e meia da tarde, depois de quase doze horas de caminhada, chegamos à *Colegiata de Roncesvalles*, o refúgio.

Agindo com rapidez, tivemos tempo suficiente para nos registrar, tomar o banho e ir assistir à missa dos peregrinos, concelebrada por cinco padres na *Iglesia Colegiata*, edificação do século XIII. Naquele momento, comecei a me questionar sobre a necessidade ou não de seguir os ritos católicos do Caminho de Santiago, que são desde sempre e há muito cultuados.

Por meio da lenda de Santiago [5] e da definição dessas rotas ao túmulo do apóstolo, a Igreja Católica se impôs na região. Apropriou-se de costumes tradicionais, destruiu culturas e construiu belas e imensas catedrais.

[5] A lenda de Santiago

Tiago era um dos doze apóstolos de Cristo, irmão de João, filho de Zebedeu e Salomé. Após a crucificação de Jesus, saiu da Judéia para pregar na Galícia – naquela época uma província romana. Sua pregação durou cerca de sete anos. Não tendo conseguido êxito, Tiago retornou à Palestina com seus dois discípulos (Teodoro e Atanásio) dando por encerrada sua pregação.

No ano de 44, foi preso e decapitado em Cesaréia, por ordem do rei Herodes Agripa, tornando-se o primeiro mártir de Cristo. Seus restos mortais foram resgatados por seus fiéis discípulos que os transladaram secretamente de volta à Espanha e sepultados em um lugar hoje denominado Padrón. Mais tarde, Teodoro e Atanásio também foram enterrados ali.

No ano de 813, Pelayo, um velho eremita da região, dizendo presenciar um estranho fenômeno de luzes e aparições angélicas, revelou o local exato onde se encontrava o túmulo de mármore do apóstolo e seus discípulos. A notícia se espalhou, despertando a atenção do bispo Teodomiro, de Iria Flavia (antigo nome da cidade de Padrón). O religioso fez chegar a notícia a Afonso II, O Casto, então rei das Astúrias, que mandou construir no local uma basílica e diversos edifícios religiosos. A partir daí, o lugar ficou conhecido como Compostela, ou em latim *campus stellae* – Campo das Estrelas.

Na mesma época, fazia-se necessário conter a invasão dos muçulmanos que chegavam à Península Ibérica. A lenda sobre os achados das relíquias de Santiago em terras galegas foi sendo forjada através dos tempos, reafirmando crença e teologia cristãs. Nascia, então, um dos mais importantes centros de peregrinação da cristandade.

O número de peregrinos se expandiu e as rotas iniciavam de cada vez mais longe. Quatro cidades francesas (Tours, Vézelay, Le Puy e Arles) ficaram conhecidas como sendo pontos de partida tradicionais, pois recolhiam peregrinos da Inglaterra, Alemanha, Itália e Países Baixos. Em Puente La Reina, cidade em solo espanhol, todos esses caminhos se tornavam um só até Compostela. É o conhecido caminho francês, uma linha reta sob a Via Láctea. Até hoje, uma aventura de significados místicos, eternos e universais.

No início do século XI, Sancho III, de Navarra, determinou o percurso que permanece até os dias atuais. Logo depois, o rei de Castela, Afonso VI, ampliou o sistema de assistência aos peregrinos instalando os primeiros locais de hospedagem gratuita nos principais mosteiros ao longo dos trajetos mais utilizados. Os grandes senhores feudais e o clero assumiram também a responsabilidade da instalação de novos abrigos, incentivando a fundação das primeiras ordens militares destinadas a dar proteção aos caminhantes e a combater os pagãos.

Em 1140, surgiu a primeira obra dedicada à peregrinação a Santiago. *Liber Sancti Jacobi* foi escrita em cinco volumes e compilada pelo monge francês, Aimeric Picaudcom. O quinto volume, *Codex Calixtinus*, é um guia detalhado sobre a peregrinação dedicado ao papa Calixto II. O texto descreve minuciosamente numerosos momentos do caminho desde a França, incluindo conselhos aos peregrinos, regras básicas para comportamento, e indica vestimentas e equipamentos adequados para o melhor desempenho na caminhada.

Desde então os peregrinos assumiram uma indumentária própria: uma capa que os protegesse de frio e chuvas, um chapéu de abas largas, por causa do sol, o cajado ou bastão, que serve de apoio para subidas e descidas das trilhas empedradas, e as conchas típicas do litoral da Galícia.

A concha, também chamada "vieira", converte-se em um verdadeiro documento de identificação dos peregrinos, sendo utilizada como passe para garantir-lhes o acesso às hospedarias. As vieiras são costuradas ao chapéu ou à mochila como um meio de identificação dos peregrinos ao longo do Caminho de Santiago. Sua utilidade como passaporte para os albergues foi substituída pela Credencial do Peregrino. A credencial pode ser obtida gratuitamente na Associação de Amigos do Caminho de Santiago de Compostela ou na cidade em que se inicia a peregrinação.

Embora hoje não seja católica, fui criada como. Resolvi, naquele momento, deixar de lado meus questionamentos religiosos e históricos. Coloquei-me à mercê do que me fosse apresentado, absorvendo tudo o que fosse novo aos meus olhos. Fui receber então a primeira e mais famosa bênção do Caminho de Santiago – ritual repetido diariamente desde o século XI. Intimamente pedi que me fosse dada clareza para aceitar as pessoas como são e compreender os mistérios da minha vida.

Depois da bênção, fomos jantar no único restaurante do lugar. Ali encontramos outros tantos peregrinos brasileiros: Renato, Sônia e Sandra, mineiros de Uberaba, que carinhosamente chamamos de "comissão de frente". Renato já era veterano do caminho. Eles estavam sempre vestidos com uniformes da seleção brasileira. Havia ainda Luciano, um paulista que me pareceu já conhecido de algum lugar, e Vinícius, um gaúcho de 60 anos. Ele estava totalmente despreparado, pois não carregava nenhum equipamento essencial e tinha somente um tênis apertado. Ficamos preocupados! Também conhecemos Célia, uma advogada que veio sozinha de Recife.

O restaurante *La Posada* servia, pelo preço de aproximadamente 20 euros, o menu do peregrino, que inclui uma massa ou salada e depois peixe ou carne com batatas, além de água, vinho e sobremesa.

De maneira geral, os horários dos albergues devem ser cumpridos rigorosamente. Em Roncesvalles, o jantar era servido logo após a bênção, às vinte e uma horas; as luzes, apagadas às vinte e duas. Com o cansaço do dia, o melhor a fazer era mesmo dormir!

31 de maio – dia 2

Roncesvalles – Larrasoaña – 27,4 km – nove horas de caminhada

Acordei um pouco antes das cinco da manhã. Dormi mal, talvez porque tivesse sentido calor durante a noite. O quarto era grande, espaçoso, com vários beliches. Era inevitável sentir algum incômodo já que dormíamos mais de 40 pessoas num mesmo ambiente. Imagine você quantos desses roncavam... Mas não havia do quê reclamar. Naquele momento, outros peregrinos também já levantavam, se arrumavam e partiam.

Pegamos as mochilas, tentando não fazer muito barulho, e saímos ainda escuro por uma trilha estreita, arborizada e bonita. Uma sinalização para ciclistas indicava que também eles seguiriam por ali. Fazia um pouco de frio e o sol mostrava seus primeiros raios às nossas costas.

Logo na primeira hora, apareceu Luciano, o paulista conhecido na véspera. Seguimos conversando. Ele contou que trabalhava fazendo palestras de auto-ajuda pelo interior de São Paulo. Era um empresário de 33 anos que já havia passado por dois casamentos e duas falências na empresa. Disse que tinha, "por uma ajuda divina", conseguido virar o rumo da sua vida e estava ali, fazendo o Caminho de Santiago por dois motivos: o primeiro, de agradecimento por tudo o que havia lhe acontecido; o segundo, por uma necessidade de crescimento pessoal.

A trilha foi-se modificando, mais leve que a do dia anterior. Encontramos um trecho por entre árvores e pastos, muito verde, poucas subidas. Depois um outro trecho com muitos pedregulhos. Passamos muito cedo por Espinal, onde mora o Padre Izidro. Naquele momento ainda não fazia tanto calor! Um pouco adiante paramos no *Bar do Juan*, em Viscarret, para tomar nosso café da manhã.

Pequenos povoados medievais tornavam mais acolhedor o trajeto. Em todos eles, fontes de água límpida e fresca se ofereciam aos peregrinos sedentos.

Percebi que todo o meu lado esquerdo começava a reclamar, com pequenas dores. Eram os primeiros sinais: doía já o joelho, a virilha, e eu tropeçava muito, sempre com o pé esquerdo.

Um pouco mais e chegamos a Zubiri, um lugarejo onde muitos peregrinos se instalavam. Eram quase duas da tarde e lá, outra vez, encontramos Anselmo, o paulista proprietário de uma agência de turismo. Resolvemos seguir com ele, por uma trilha muito arborizada e bonita, até Larrasoaña, uns seis quilômetros à frente. No meio do caminho uma cachoeira convidava ao banho a que nem todos resistem. Apesar do calor, e dolorido, meu corpo não queria parar e seguia em frente.

Em Larrasoaña, fomos alegremente recebidos pelo Sr. Santiago Zubiri, o famoso colecionador de pedras do Caminho de Santiago. Para ele, sem saber ao certo, eu levava uma ágata das minhas Minas Gerais. Demoradamente, ele me mostrou bandeiras do Brasil e várias caixas com pedras enviadas pelos peregrinos brasileiros, a quem ele sempre trata com especial carinho.

O albergue de Larrasoaña tem boas e novas instalações de banhos com água quente e tanques para lavar roupas. Os quartos têm colchões espalhados pelo chão. Sr. Santiago nos recomendou limpar as botas e colocá-las ao sol, àquela hora ainda muito forte.

Adaptei-me logo à rotina dos peregrinos do caminho. Primeiro mostrar a credencial, ser acolhida, instalar-me. Depois, lavar as roupas, principalmente as de baixo, meias e blusa. Tomar banho. Enquanto fazíamos tudo isso, conhecíamos novos peregrinos, trocávamos informações, escutávamos histórias pessoais, ríamos de casos acontecidos.

Preparar a comida ou sair para comer num restaurante próximo. Depois descansar, cuidar dos pés, das pernas, que começam a mostrar os primeiros sinais do esforço da caminhada desse segundo dia.

Em Larrasoaña, nos juntamos a outros brasileiros no único restaurante do lugarejo: João e Iracema são de Cambé, fazem parte da Associação dos Amigos do Caminho do Estado do Paraná e também saíram de Roncesvalles. Cada um fala um pouco de si e escuta muito dos outros... Vamos ficando amigos, formando quase que uma família.

01 de junho – dia 3

Larrasoaña – Pamplona – 15,2 km – quatro horas de caminhada

Despertei de um sonho em que eu nadava numa piscina imensa onde muitas pessoas faziam saltos acrobáticos. O que me causava estranheza era que eu não conseguia ver com nitidez o que se passava, como se ainda fosse míope. Mas era boa a sensação de lembrar do sonho e de estar nadando.

Chamei Márcia e saímos do albergue de Larrasoaña sem nada comer. Estava escuro. Seguimos em silêncio por uma trilha que ziguezagueia o rio Arga. Márcia seguiu à frente e eu, apesar de sentir dores no lado esquerdo, andava num ritmo melhor e com muita alegria. Sentia o peso da mochila e pensava que, ao chegar a Pamplona, enviaria, pelo correio, tudo o que me parecia supérfluo. Isso trazia uma alegria imensa!

Dica ao futuro peregrino: de Pamplona você pode mandar um pacote em seu próprio nome para a cidade de Santiago. Lá, os Correios aguardam a sua chegada e o devolvem intacto.

Enquanto seguia, ia tropeçando em pedras e raízes de árvores, procurando entender meu sonho, cheio de simbolismos. Pensava na minha infinita liberdade e me veio à mente a frase de Cecília Meireles: "liberdade essa palavra que o sonho humano alimenta, que não há ninguém que explique e ninguém que não entenda"... Como convencer aos outros e a mim mesma que se pode viver com menos amarras, sem tantos compromissos ou cobranças e mais feliz?

A trilha arborizada cruzava a estrada asfaltada e o rio. Encontrei um grupo de peregrinos italianos: Ivo, já aposentado, faz um trabalho voluntário com pessoas da terceira idade. Vamos conversando numa mistura de línguas. A comunicação se dá e é bastante enriquecedora.

Lá pelas nove da manhã, escutei os sinos da *Catedral de Pamplona*, dentro das muralhas da cidade. Já estávamos em Burlada, um povoado bem próximo. Márcia estava logo à frente. Seguimos novamente juntas deixando os italianos.

Era cedo, e a primeira idéia era despachar os pacotes para aliviar nossas mochilas; depois comer, descansar e seguir até Cizur Menor, uns seis quilômetros à frente, onde também existe um refúgio para peregrinos.

Chegamos a Pamplona, cidade do país basco, atravessando a *Puente de la Magdalena*, ponte medieval elevadiça, numa das portas da muralha da velha cidade. Fizemos nosso lanche sob a sombra de uma árvore: suco de frutas, biscoito, banana-passa. Depois do lanche, fui ao banheiro público da cidade. Fiquei impressionada com as instalações: além de tudo impecavelmente limpo e cheiroso, havia flores e uma balança em funcionamento!

Fomos então ao Correio, que acabava de abrir. Tirei da mochila a calça de lã, uma camiseta, a blusa de manga longa, a bermuda de algodão, o vestido, as joelheiras, um cachecol e o tripezinho da câmara, além do primeiro filme já usado. Meu pacote pesou quase um quilo e meio. Reorganizei minha mochila, feliz com seu novo peso. Márcia fez o mesmo, tirando mais de dois quilos de coisas desnecessárias.

Sentamos num banco da *Plaza Sarasate*, em frente a *los Correos*, e ali encontramos novamente Anselmo, a quem orientamos despachar o peso extra. Anselmo era gordinho, queria emagrecer um pouco, mas carregava uma mochila demasiado grande e pesada. Ele adorou a idéia.

Enquanto ele foi aos Correios, Márcia saiu com um peregrino austríaco para ajudá-lo a comprar alfinetes. Fiquei ali, sentada com as quatro mochilas, três no chão, aos meus pés, e a minha sobre o banco, ao meu lado. Estava tranqüila, absorvida por pensamentos, observando o movimento da cidade. Eram precisamente onze horas e vinte e três minutos e não fazia tanto calor. De repente, passou um rapaz e me perguntou que horas eram. Respondi amavelmente e ele me fez uma outra pergunta. Expliquei que era peregrina e percebi já tardiamente que estava sendo vítima de um golpe. Enquanto ele me distraia, perguntando qualquer coisa, um outro roubava por trás a mochila. Meu ímpeto foi segui-lo, mas não poderia deixar as outras mochilas. Foi tudo muito rápido. Logo depois chegaram Márcia, Anselmo e o austríaco. Corremos a um policial, que nada fez. Uma moça, vendo o nosso desespero, relatou ao guarda exatamente o acontecido. Um segundo rapaz pegou a mochila e correu para um carro. O que me abordou seguiu calmamente andando pela praça e depois entrou nesse mesmo carro: um golpe já instituído! Assalto a peregrinos!

Eu precisava ser prática e forte. Voltei aos Correios e peguei o pacote postado. Tudo o que era supérfluo passou a ser a totalidade dos meus pertences. Estava com a roupa do corpo, a blusa de frio, o chapéu e a pochete, que continha a câmara fotográfica, gravador, caderneta de anotações, documentos e dinheiro.

Registrei oficialmente o fato na polícia local. Os policiais me disseram que era melhor eu considerar tudo por perdido, ficando válido somente o Seguro Saúde. Márcia me acompanhava pacientemente.

Fomos depois ao albergue e lá não havia acomodações disponíveis. Já era tarde para seguirmos para Cizur Menor. Ali encontramos outros brasileiros. A indignação era geral. Fiquei sabendo de outros casos de roubos a peregrinos naquela cidade, inclusive dentro dos próprios refúgios.

Mais tarde eu viria a saber que, desde os primórdios da existência do Caminho de Santiago, a região de Navarra é o lugar de maior perigo para os peregrinos ...

> *...de cualquier forma, esta inmensa barrera montañosa provocaba terror en los viajeros, tanto por las dificultades orográficas como por la crueldad de los navarros que, no solo acostumbraban a robar a los peregrinos que se dirigian a Santiago, sino tambíen cabalgarlos como a asnos, y matarlos.* (FRONTÓN)

Fui ficando abatida e triste, querendo entender o fato. Roubar peregrino é muito estúpido. Normalmente o peregrino carrega o mínimo necessário e sempre tem pouco dinheiro, porque a peregrinação é uma forma de renúncia ao conforto material. Eu estava mais indignada pelo ato do roubo em si do que pelo que havia perdido. Liguei para minha mãe no Brasil e recebi uma dose de serenidade.

A solidariedade peregrina começou a se manifestar. Begônia, uma peregrina de Sevilla, deu-me uma sandália e levou-me à *Coronel Tapioca*, uma loja de equipamentos esportivos. Lá eu comprei um saco de dormir e uma outra mochila. O hospitaleiro do albergue me deu um isolante térmico, que mais tarde eu acabei passando a outro peregrino brasileiro. Luciano me deu uma mochila pequena, num ímpeto de ajudar. Anselmo me deu um filme para que eu continuasse registrando minha peregrinação. Comprei os itens de higiene pessoal, uma calcinha e já estava novamente pronta a seguir adiante.

Fomos dormir num minúsculo quarto da *Pensión Santa Cecília*, no coração do *casco viejo* de Pamplona, uma zona escura, estranha, cheia de cartazes escritos em basco, a língua local. Ali, ganhei do camareiro uma toalha pequena, o último item que me faltava.

Ainda não entendia o acontecido e estava abalada. Apesar disso, mantinha a certeza de que queria continuar meu caminho. Aos poucos fui percebendo que um roubo nessa situação ensina o inusitado. É um ensaio do desapego imposto, não escolhido. Teste de resistência, autoconhecimento psíquico e físico. Tudo está tão interligado! Teria que assimilar as lições, perceber os altos e baixos da Roda da Vida e crescer, mesmo sentindo naquele momento tudo confuso e dolorido.

Comecei a sentir minhas reações físicas, a perceber meus somatismos, escutar meus apelos. Intuitivamente, meu corpo tentava liberar o trauma, como fazem os animais, reagindo com tremores, calafrios, alterações de pressão e acessos de choro. Eu tentava analisar meus pensamentos. Entender era o que eu mais queria naquele momento.

02 de junho – dia 4

Pamplona – Puente La Reina – 23,5 km – sete horas de caminhada

Acordei com o despertador, às cinco e dez da manhã. Estava tonta, mas não conseguia permanecer na cama. Era hora de partir, prosseguir, deixar para trás tudo o que havia acontecido e encarar o novo dia.

Márcia também se levantou. Fui ao banheiro e bebi água em vários goles. Tinha a boca seca e sensação de desidratação. Ainda me sentia cansada e fraca, mas rapidamente me aprontei. Eram cinco e quarenta e três da manhã e ainda estava escuro quando saímos. Andamos um pouco e não vimos as setas amarelas. Por uns vinte minutos zanzamos pela cidade que pensávamos já conhecer inteira. Quase não nos falávamos. Eu tinha a sensação de frio, de desamparo. Acho que Márcia também sentia algum mal-estar e aquela sensação estranha nos emudecia.

Numa esquina, encontramos Reine Marie e Jean. Mãe e filho percorrendo o Caminho de Santiago. O que buscavam ali? Foi ela quem me dirigiu a palavra. Com 61 anos, viúva há 15, fazia o caminho pela segunda vez. Ele apresentava problemas de locomoção e sérias dificuldades em se comunicar desde oito anos de idade quando perdeu o pai. Reine Marie acreditava que, ao fazerem a peregrinação, o filho quebraria os bloqueios: "As perdas exigem sacrifícios para que as superemos..." – disse-me ela.

Perguntou-me sobre o roubo da véspera. Eu estava emocionada e tentava ser forte, mas me sentia frágil. Quase não conseguia falar. Meus olhos vermelhos e rasos d'água mostravam a noite não dormida, o cansaço. Jean começou a cantar a canção de *Saint-Jacques* (São Tiago em francês), que conta a saga do caminho e a força necessária de quem se ousa caminhante. Não contive as lágrimas e desabei em choro. Abraçamo-nos cheios de emoção e seguimos adiante, enquanto amanhecia o dia.

Atravessamos as muralhas da cidade e da respeitada Universidade de Pamplona. Ao despontar do sol, passamos por Cizur Menor. Seguimos por entre um enorme campo de trigo. A trilha começava a se estreitar quando nossos amigos franceses pararam para comer e descansar. Márcia e eu seguimos subindo e avistamos no alto os moinhos de energia eólica. Ali, o vento gratuito é sabiamente aproveitado. (Exemplo ao Brasil que impunha à população o racionamento exatamente por falta de investimentos alternativos nessa área.)

Um pouco acima e estávamos no alto da *Sierra del Perdón*, a 734m de altitude, com muito sol, um vento que quase nos carregava e muita poeira. Chegar ao Alto do Perdão era superar obstáculos. Pude sentir que estava mais forte. Já não havia lágrimas nos meus olhos e podia ver lá embaixo os povoados de Cuenca de Pamplona e Óbanos.

Atravessamos, com outros tantos brasileiros, o monumento aos peregrinos onde há uma placa: *Parque Eolico del Perdón. Donde se cruza el Camino del viento com el de la estrella. Energia Hidroeletrica de Navarra. Asociación de los Amigos del Camino de Santiago.*

A descida *del Perdón* era ainda mais difícil: uma trilha íngreme e muito cheia de pedras. Por um trecho desci tropeçando enquanto conversava com Sandra, uma das mineiras de Uberaba. Brinquei com ela, que certamente aquele não era o "Meio do caminho" do nosso poeta maior, Carlos Drummond de Andrade: "No meio do caminho tinha uma pedra/ tinha uma pedra no meio do caminho..."

Deixamos para trás a "comissão de frente" e também Célia e Vinícius, já com os pés bem machucados, mas ambos com o firme propósito de seguir adiante.

Em Óbanos, a três quilômetros de Puente la Reina, paramos num bar e tomamos café. Ali mesmo encontramos José e Marcelino, dois espanhóis de Valência, cheios de alegrias. Eles fizeram de tudo para que compartíssemos o lanche típico: *pan, jamon, chorizo, vino y queso* – pão, presunto, chouriço, vinho e queijo. Foi difícil convencê-los de que não comíamos o *jamon y chorizo* porque éramos vegetarianas. Bebemos do vinho e fomos nos soltando, deixando as tristezas, absorvendo as boas energias. Dali seguimos beirando *la carretera* até nosso destino.

Puente la Reina é uma cidade intimamente vinculada à história do Caminho de Santiago. Seu nome se deve à bela ponte construída sobre o rio Arga, no século XI, a mando de uma rainha desconhecida, supostamente Doña Mayor, esposa de Sancho III. Ali se cruzam o caminho francês e o aragonês, que segue por mais uns 600 quilômetros até Santiago. O caminho aragonês atravessa os Pirineus por Valcarlos e começa em Somport, seguindo o curso do rio Aragón.

Por volta das treze horas, chegamos ao albergue de Puente La Reina. Comecei a me sentir como se estivéssemos numa grande caravana. Já éramos quase 20 brasileiros. A solidariedade ia aumentando, conforme aumentavam os nossos desconfortos. Fomos virando enfermeiros, de acordo como nosso *know-how* em curar bolhas ou tendinites. Trocávamos coisas, medicamentos, compartilhávamos a comida. Iracema e João revisaram suas mochilas e me deram uma blusa de manga curta e dois pares de meia. Era o que ainda me faltava.

Instalamo-nos e cumprimos rapidamente as tarefas imprescindíveis da rotina peregrina (lavar roupas, limpar botas, tomar banho), feita quase sempre coletivamente. Depois saímos para conhecer a cidade. Fui à *Oficina de Turismo* perguntar se poderia vender a mochila dada pelo Luciano, uma sugestão dele mesmo. Fui atendida por uma moça muito simpática que me sugeriu doá-la aos meninos do internato ao lado do refúgio. Vender seria difícil, ela disse, já que tudo passa pela supervisão dos Padres Reparadores. Entre dentes, ela comentou que eles a proíbem de dar qualquer informação religiosa que não fosse sobre a Igreja e a religião católica e que eram meio tacanhos.

Fiz a doação da mochila na companhia do Ivo, o italiano, e depois fomos visitar a *Iglesia del Crucifijo* que mistura vários estilos de construção: medieval ou românico, algumas características do gótico e também do barroco. Dentro, uma imagem de um Cristo crucificado em forma de Y.

Dali fomos procurar algum lugar para comer. Optamos por um "almojanta" no *Bar do Joaquim*. Na verdade, fazíamos, quando possível, somente uma boa refeição – o tradicional *menú del peregrino* – regada sempre com um bom vinho. A frase *con pan e vino se hace el camino* começou a se tornar familiar.

Na volta ao albergue encontramos Vinícius com os pés de molho numa bacia, completamente arruinados. Não o vimos mais. Ficamos sabendo que ele foi encaminhado a um hospital e certamente recomendado a interromper a caminhada.

Depois fiquei pensando na história do Vinícius, sua gana em estar ali e em todo seu sofrimento. Talvez não fosse a sua hora. Talvez ele não estivesse pronto. Quanto lhe custou ter que voltar, interrompendo seu desejo? A retirada se fazia necessária. Qual o momento de, dignamente, nos retirarmos de nossos caminhos? Abrir mão de nossos desejos, abandonar nossos sonhos? Como dizer "já não posso mais?"

Fui dormir pensando nisso, agradecendo a superação do dia e o encontro com "meus anjos".

03 de junho – dia 5

Puente La Reina – Estella – 22,1 km – cinco horas e meia de caminhada

Dormir e acordar no albergue de Puente la Reine foi algo inusitado. As camas tinham como suporte um material metálico que fazia um barulho imenso com qualquer pequeno movimento de corpo. Por causa disso, no outro quarto, houve uma algazarra e todos estavam de pé, com as luzes acesas, já de partida, bem antes das cinco da manhã. Mesmo com tampões de ouvido, acessório fundamental do equipamento peregrino, foi impossível dormir ali.

A rotina do levantar se repetia com algumas modificações. Começava ser preciso gastar um pouco mais de tempo ao calçar as botas por causa de uma bolha no meu dedo mínimo esquerdo. Também as sessões de alongamento deviam ser mais elaboradas por causa das dores do lado esquerdo que se intensificavam. Coisas do caminho, de que eu já devia estar ciente e ser capaz de vencer...

Saímos às cinco e meia da manhã em direção a Estella, atravessando a famosa ponte medieval sobre o rio Arga, seguindo as setas amarelas encontradas pelas lanternas dos peregrinos amigos. Já éramos uma "grande família" e nos reconhecíamos de longe.

No início, enquanto o corpo ainda estava frio, sentia mais fortemente as dores, mas na medida em que ia andando, a sensação de entusiasmo tomava conta não só do corpo, mas também da alma. Era a alegria de mais um dia vivido, superando a cada momento o trauma de ter sido roubada. O fato já era passado, coisas perdidas que já não faziam falta, mas que deixavam aflorar outras questões mais íntimas: os valores remexidos e questionados. Vinham as lembranças das conversas com o amado, vinha a clareza de que algum novo posicionamento deveria ser tomado. Começava a captar a indiscutível energia mágica do Caminho de Santiago. Acreditava em alguma grande transformação e ansiava por ela.

O sol surgiu entre as serras, que novamente me faziam lembrar as paisagens de Minas. O caminho seguia tortuoso, atravessando pontes antigas ou algum marco de vitória das "lutas santas" da Idade Média. Passava por entre trechos de grandes plantações de uva, oliveira ou trigo. Vez por outra, um pequeno povoado medieval, casas com hortas cultivadas e cães, sempre presos, que latiam, mas não nos atemorizavam. Os tempos históricos se misturam. As pessoas, alegremente, nos cumprimentavam com o tradicional: *Bueno camino*!

Íamos seguindo, cruzando com outros peregrinos, ouvindo suas histórias nos mais variados idiomas. O que me tocava era que, de alguma maneira, todos ali estavam por algum chamado que se dava fora do racional. Mesmo com todas as explicações dadas, algo escapava ao entendimento lógico, ou ao tempo presente.

Chegamos ao lugarejo chamado Lorca, depois de atravessar o *Río Salado*. Esse rio é referido no *Codex Calixtinus* com alerta de conter águas venenosas, e com referência à hostilidade do povo navarro aos peregrinos. Diz o códice:

> *Allí guardate de beber ni tu ni tu cavallo pues el río es mortífero. En nuestro viaje a santiago, encontramos a dos navarros sentados a su orilla que estavan afilando sus navajas, com las que solían desollar las caballerías de los peregrinos que bebian aquel agua y morían.*

Estávamos com fome, já que saímos de Puente la Reina sem nada comer. Ainda era cedo e não havia nenhum lugar aberto. Encontramos D. Carmen, uma simpática senhora que, vendo-nos procurar onde comer, nos convidou à sua casa para um café com leite. Ela contou ter uma irmã no Brasil, trabalhando em comunidades carentes de Juazeiro, na Bahia. E, ainda, que gosta de receber peregrinos das diversas partes do mundo e escutar tantas e tão diversas histórias pessoais. Brincou conosco dizendo fazer o "caminho" todos os dias do ano, indo e voltando os dois quilômetros perto de sua casa. Relembrou os horrores da Guerra Civil, que ela presenciou ainda criança, vendo corpos dos soldados mortos, imagens que ela disse jamais esquecer.

Em Villatuerta, a vila seguinte, encontramos Jón. Ele me chamou atenção por sua forma física, músculos bem definidos e um andar arrojado. Não à toa. Ao conversarmos, ele me disse ser militar basco, casado e pai de uma menina de dois anos. Ressaltou a importância de preservar sua cultura e sua língua, mais antiga que o castelhano ou nossas línguas atuais, como forma de manter a soberania de seu povo. Não perguntei sua posição em relação ao movimento separatista ali existente, mas pude perceber que ele distingue as questões: a preservação cultural é assunto diferente de independência política. Jón tinha um semblante doce, pacífico e solidário. Seguimos juntos um trecho, eu acelerando meu andar, ele um pouco mais devagar.

Mais adiante, quase em Estella, passamos pelas primeiras cerejeiras do caminho, já carregadas de frutos maduros. Foi inevitável não atacá-las. Jón ajudou-me a colher alguns frutos sem entender o porquê da minha avidez. Naquele momento meu coração foi a Paris, numa volta ao passado não muito distante, desejando reviver os sabores ali experimentados. Misturei outra vez tempos e espaços.

Chegamos a Estella às onze horas, cinco horas e meia depois de termos saído de Puente la Reina. Havia uma grande fila de peregrinos à porta do albergue que só abriria às treze e trinta. Era o momento de compartilharmos tudo. Ali mesmo tiramos as botas, deixando respirar os pés. Constatei que minha bolha tinha aumentado e requeria cuidados. Os italianos se prontificaram a curá-la: agulha, linha, antiséptico, algodão, uma gaze pequena. Eu não tinha mais nada disso, aceitei a prestabilidade e fui aprendendo o que fazer. Opiniões divergiam quanto aos cuidados, mas fui seguindo minha intuição e controlando a sensação de dor.

Alguns saíam, deixando as mochilas sob guarda de outros. Fomos ao supermercado comprar coisas para o almoço, que acabamos fazendo coletivamente. Dois espanhóis chegaram distribuindo chocolates. Consultávamos sobre nossos estados físicos, falávamos de nossos trajetos, trocávamos experiências. Do albergue, um som de música celta coloria o domingo ensolarado.

Ao meio-dia, Carlos, o hospitaleiro, abriu o albergue. Muito divertido, ele nos orientava nas acomodações e perguntava sobre o estado geral de nossos pés e pernas. Mais tarde providenciou-nos uma massagem: colocou-me e alguns outros com os pés dentro de um pequeno lago de água gelada e mandou que os roçássemos nas pedras do fundo. Era "obrigatório" ficar ali por pelo menos quarenta minutos! Achei engraçado o "castigo", mas aceitei de bom grado.

Dei-me conta das nossas incríveis condições de bom humor e da alegria contagiante, apesar dos sofrimentos físicos cada vez mais aparentes. A rotina era severa, andávamos sob sol escaldante por terrenos os mais diversos, pouco dormíamos; comíamos adaptando ao que conseguíamos encontrar em cada parada. Todo dia levantávamos bem dispostos, animados e revigorados após o banho. Era a mágica energia do caminho das estrelas, certamente!

Dormi um pouco à tarde, enquanto esperava secar a roupa lavada. Depois, saímos os brasileiros, para desfrutarmos a arte das igrejas, monumentos, praças e ruas de Estella, o que valeu pela beleza e história.

04 de junho – dia 6

Estella – Los Arcos – 21,3 km – cinco horas e quarenta e cinco minutos de caminhada

O quarto do albergue de Estella tinha dez beliches arranjados bem juntos uns dos outros, mas era tranqüilo. Naquela noite eu dormi incrivelmente bem. Estava escuro quando acordei. Estiquei-me, preparei os pés e chamei Márcia.

A maioria dos peregrinos continuava dormindo, mas nos aprontamos rápido e descemos para comer alguma coisa antes de sair, coisa que nem sempre fazíamos. Percebi que ainda não eram quatro e meia da manhã.

Saímos em direção a Los Arcos, procurando as setas com a lanterna e aproveitando a última luz da lua cheia, redonda e amarela, que se punha no horizonte. O céu estava estrelado também, mas percebi que, como diz nosso hino nacional, nosso céu tem muito mais estrelas, mesmo estando nós, naquele momento, debaixo da Via Láctea.

Comecei a sentir fortes dores no lado esquerdo, desde a ponta do pé até a altura do ombro. Fui obrigada a parar um pouco. Márcia parou também me dando apoio. Deu-me um abraço, fez-me uma massagem e disse que, quando eu andava a sua frente, ela percebia que não me posicionava bem ao pisar: "Você deve pisar também com a cabeça, talvez você não esteja trabalhando bem o lado da emoção". Conversamos sobre o nosso estar ali cumprindo aquela peregrinação. Na verdade, refletíamos sobre as situações incômodas da nossa vida e de nossos relacionamentos que, inconscientemente, mantínhamos. Era preciso nos posicionar ou a situação só pioraria.

Continuamos andando mais devagar, enquanto conversávamos. Logo à frente chegamos às *Bodegas Irache*, ao lado do *Monasterio de Nuestra Señora Real de Irache*, onde instalaram, desde 1991, a generosa *Fuente del Vino*. Era um lugar que eu tinha curiosidade de conhecer. Vinho tirado da torneira, sem medida... Um vinho sagrado talvez? Mas, frustradamente, tivemos que prosseguir. A fonte estava fechada. Senti-me novamente como se perdesse alguma coisa ou um momento especial. Quantas vezes botamos tudo, ou quase tudo, a perder porque não encaminhamos bem nossos atos? Talvez, se não tivéssemos saído tão cedo, encontraríamos aberta a fonte... Será que realmente perdemos, ou aquela aparente generosidade não era tão verdadeira? Talvez estivéssemos dando atenção ao insignificante porque a doação estava em coisas mais sutis.

O dia começava a amanhecer com o despertar da natureza e dos pássaros em algazarra. Era tudo como uma música divina.

Atravessamos outra vez plantações de uva e trigo entre serras e montanhas. Los Arcos parecia mais longe e meu corpo continuava a reclamar. Fui obrigada a parar outra vez. Juan, um peregrino espanhol, parou e fez os primeiros socorros para que eu pudesse chegar ao albergue de Los Arcos. Apesar de ser uma trilha fácil, não foi uma caminhada tranqüila naquele dia.

Fomos as primeiras a chegar a Los Arcos. Na verdade, chegar e parar às dez e meia da manhã só acontecia quando alguma coisa impossibilitava continuar, como era o meu caso. O próximo albergue, em Torres del Río, ficava a oito quilômetros. Mas eu não podia mais.

Fomos recebidas graciosamente por Alfonso e Magda, hospitaleiros belgas ligados à Associação dos Amigos de Navarra. Repetimos a rotina diária: banho quente, lavação das roupas, conversas com uns e outros que chegavam aos poucos.

A turma de brasileiros foi se instalando. Todos já reclamavam de suas condições físicas: bolhas, quase todos já tinham. Alguma tendinite começava a aparecer. Alfonso nos mostrou a caixa de medicamentos e fomos, uns nos outros, fazendo curativos. Apesar de parecer estarmos quase num "campo de socorro aos feridos de guerra", o bom humor era reinante e a solidariedade cada vez mais forte. Sabíamos todos que não estávamos num passeio turístico ou de lazer. Sabíamos, ainda, que estávamos no início e muito mais problemas teríamos à frente. Sobretudo, sabíamos que não estávamos sozinhos: um elo permanente de energia nos mantinha unidos, fortes e perseverantes, respeitando as diferenças e a individualidade de cada um.

À tardinha chegou ao albergue um massagista voluntário para prestar seus serviços. Fez-se fila para o atendimento. Silvano, italiano de Parma, amigo de Ivo, resolveu "adotar" a minha bolha. Passou um creme antibiótico, mas não tive muito sucesso com seus cuidados. Meu dedo apresentava indícios de inflamação. Renato, o peregrino veterano de Uberada, faz uma revisão e resolveu que deveríamos furá-la. Célia, Sandra e Sônia se puseram ao redor, supervisionando aquela "operação". Os comentários eram os mais trágicos e ao mesmo tempo engraçados. Sandra disse que começava a entender o porquê da expressão "o estranho Caminho de Santiago". Apesar das dores, todos mantínhamos a alegria e uma sensação de nos conhecermos há milhares de anos, uma amizade que fortalecia a cada momento. Resolvemos que o próximo trecho, até Logroño, eu faria de ônibus, poupando-me para que pudesse, nos outros dias, caminhar sem maiores problemas. Célia também faria o mesmo.

Na hora de comer, George sempre sabia os locais que estavam abertos e os menus mais convidativos. Cinco de junho é o dia da festa do padroeiro no povoado vizinho, e todos haviam ido à procissão. Estava tudo fechado.

Em tempos de quase verão, os dias eram longos. Depois do "almojanta" sentamos, os brasileiros, num gramado frente ao albergue e ficamos conversando sobre as relações humanas. George trouxe garrafas de vinho que compartilhamos. Anselmo e Gustavo, um outro brasileiro que fazia a peregrinação com sua mãe, começaram a me argüir sobre as reações femininas nos relacionamentos. Coloquei minhas posições de mulher. Disse sempre preferir a verdade por mais dolorida que seja e que me chateava ao perceber, no outro, o medo e a mentira. Medo sempre travestido de agressão. Relembrei a bela cena da mãe de Cristo no filme *O Auto da Compadecida*, clássico de Ariano Suassuna. Ela perdoava as besteiras feitas por João Grilo e Chicó, motivadas inconscientemente pelo medo. Dizia: "eu perdôo vocês, meus filhos, porque tudo que fizeram foi pelo medo. Medo de ficarem sozinhos, medo de perderem suas miseráveis coisas..."

A noite chegou devagar e um pouco fria. Entrei para dormir. Na sala de estar do albergue, peguei o livro de registros e vi uma frase que me tocou. Alguém que pretendia fazer a peregrinação solitariamente agradecia por ter aprendido a compartilhar. O caminho ensinava a humildade, o afeto e a solidariedade, através do pedir, dar, aceitar e oferecer sem medidas.

Fui dormir leve por causa do vinho, feliz por estar ali.

05 de junho – dia 7

Los Arcos – Logroño – 27,9 km – ônibus

Dormi bem melhor essa noite, mas estava bastante triste pela decisão de fazer o trecho de ônibus. Ouvi os outros peregrinos se levantarem e fiquei mais um pouco na cama. Depois levantei devagar. Célia já estava acordada. Tomamos juntas nosso café da manhã e, encaminhadas por Alfonso, nos dirigimos para o ponto do ônibus. Não coloquei minhas botas. Segui de sandália com as botas penduradas na mochila.

A situação da Célia era bem mais séria que a minha. Por não dar ouvidos a seus pés e forçar-se tentando acompanhar outras pessoas, estava com um princípio de tendinite e com bolhas hemorrágicas. Duas enfermidades que, somadas, a impossibilitavam de caminhar. O conselho dos veteranos era que ela procurasse imediatamente um hospital em Logroño, nossa próxima parada. Célia estava resistente e confiante. Pensava que, evitando um trecho de quase 30 quilômetros e fazendo repouso por um dia, poderia seguir mais devagar. Isso de certa forma me reconfortou. Por que forçar-me até não mais poder? Melhor seguir o caminho do meio, do equilíbrio, reconhecer as próprias limitações e poupar-me um pouco.

Enquanto esperávamos o ônibus, foi me contando sua história. Disse que era advogada de família e fazia muitos divórcios e separações, apesar de sempre tentar as reconciliações. Comentou a atual crise dos relacionamentos que por todo lado se vê. Falou também de sua antiga vontade de fazer o caminho e, quando decidiu, tratou de se preparar: engordou seis quilos, porque era muito magra; parou de fumar, contratou um *personal trainner* para orientá-la nos treinamentos; subia e descia as escadas do seu prédio com a mochila nas costas, além de fazer pequenas caminhadas em Recife, onde mora. Comecei ali a admirar Célia por sua firmeza e abnegação.

Acompanhamos a trilha de dentro do ônibus. De longe vimos outros peregrinos que seguiam sob um sol forte. Senti um misto de incapacidade e tristeza.

Chegamos a Logroño em pouco mais de meia hora, mesmo assim porque o ônibus ia parando por todos os povoados da beira do caminho. Nos demos conta da incrível limitação humana e, ao mesmo tempo, da também incrível capacidade de superação. Um dia de caminhada é igual a meia hora de ônibus! O que ainda levaríamos 20 dias andando, poderíamos fazer, talvez, em pouco mais de uma hora de avião!

Descemos na rodoviária de Logroño. Célia pegou um táxi e foi direto a um hospital; disse encontrar-me, tão logo pudesse, no albergue. Não fazia falta minha presença, ela afirmou. Segui a pé em direção ao refúgio pelas estreitas e velhas ruas da cidade.

Logroño é hoje uma cidade grande, moderna. Capital da província de La Rioja (famosa região vinícola), se preparava para a festa do padroeiro no próximo fim de semana. Foi construída sobre as ruínas da velha Vareia, cidade destruída no ano de 574 e que abrigava o porto fluvial de Tarraconense, às margens do Ebro. Foi palco de vários combates entre povos cristãos e muçulmanos. A partir da construção de *Puente de Piedra*, em fins do século XI, se transformou em um importante marco para domínio da região e para a história da rota *jacobea*.

Na porta do albergue, que só abriria as duas e meia, reencontrei João, Iracema e Luciano. Logo depois chegou Márcia, também bastante cansada. Fomos revezando em cuidar das mochilas, como em Estella. Precisávamos sair para comprar o que comer, já que, tradicionalmente, entre duas e cinco da tarde, o horário da *siesta*, todo o comércio se fecha na Espanha.

Sentia-me cansada e com fortes dores de cabeça, apesar de não ter caminhado. Não estava bem, sentia tudo meio esquisito, um incômodo generalizado. Pedia que viesse uma nova força que me mantivesse com garra para continuar. Comecei a me questionar sobre tudo. Queria poder estar um pouco sozinha, mas era impossível. Todos estávamos muito juntos e as preocupações coletivas não nos deixavam ficar em privacidade. Nem nos banheiros! Ao mesmo tempo, sentia-me insegura nos poucos momentos em que ficava só. Tinha medo. Um medo de não sei quê. Sentia-me testada outra vez e precisava vencer meus fantasmas. Talvez eu ainda estivesse processando o caso do roubo, mas naquele momento sentia-me fraca e queria estar no conforto da minha casa.

Antes de abrir o albergue, saí com Beth, gaúcha de Cruz Alta, que conheci ali e fazia sozinha o Caminho de Santiago. Compramos uma dessas comidas instantâneas, frutas e chocolate. Por acaso, encontramos um *cyber* café e me conectei à internet. Fiquei feliz porque o Cafê havia deixado um recadinho.

Estava curioso para saber como eu estava indo, e me dizia carinhosamente para eu seguir o "meu caminho das estrelas". Senti-me um pouco reconfortada. Respondi que naquele momento me sentia mal, que era tudo muito duro, que haviam me roubado, mas ainda tinha forças para prosseguir.

Passamos, já quase chegando ao albergue, pela *Imperial Iglesia de Santa María del Palacio*, assim chamada por ter sido construída no século XII, nas ruínas da capela anexa à antiga residência do imperador Alfonso VII: uma decoração simples dentro de uma arrojada arquitetura gótica. O que me chamou atenção foi a riqueza do retábulo maior, obra do século XVI.

Quando voltamos, o albergue estava abrindo. Logo depois, Célia chegou do hospital com os pés enfaixados e, impossibilitada de andar por quatro dias, foi levada para um quarto. Estava bem espiritualmente: forte, resistente e cheia de alegria. Eu me ofereci para comprar-lhe alguma coisa, e saí novamente enquanto os outros brasileiros preparavam a comida. Eu estava sem fome, indisposta, talvez porque também fazia muito calor.

Quando voltei, passei por mais uma igreja, dessa vez a *Iglesia Parroquial de Santiago el Real*, construída no século XVI. Com características barrocas, apresenta Santiago iconograficamente como *Santiago Matamoros*, versão muito propagada naqueles tempos de "guerra santa". Percebi que talvez estivesse tão sensibilizada porque estava passando pela TPM e, novamente, regularizando meu ciclo menstrual, desorganizado desde fins do ano passado.

Quando voltei ao quarto encontrei, na minha cama, um presente do Fernando, um peregrino americano que já tinha morado em Ouro Preto e falava muito bem o português: era uma calcinha nova e um pacote de lencinhos umedecidos. Fiquei feliz com a singeleza do presente e já me sentia melhor. Começava a entender os meus processos internos e vencia meus obstáculos pessoais. Sentia a gentileza anônima dos companheiros peregrinos, cada um vencendo pessoalmente suas dores mais secretas.

Fui cumprir os demais itens da rotina peregrina: lavar roupas, tomar banho e descansar. Sentia-me um pouco melhor, depois de passar quase toda a tarde com a Célia. Ela falava que eu podia caminhar no outro dia, já que tinha deixado o pé livre e a bolha estava em melhor estado. Mais tarde fizemos algo para comer na cozinha e nos deitamos para dormir. O repouso se fazia necessário.

06 de junho – dia 8

Logroño – Nájera – 29,1 km – oito horas e meia de caminhada

Acordei no meio da noite com o ronco do companheiro de um beliche ao lado. Senti latejar meu pé. Fiz alongamentos, tentei meditar e acabei dormindo outra vez.

Saímos do albergue um pouco depois da seis da manhã. Márcia, sem nenhum problema para andar, seguiu firme e rápido. Eu fiquei para trás, indo mais devagar pela trilha que seguia margeando a estrada. Logo depois fui alcançada pela Beth e continuei todo o percurso com ela. Fomos falando de nossas vidas.

Beth é professora de História, tem um casamento estável, dois filhos e mora em Cruz Alta, cidade do interior do Rio Grande do Sul. Eu achava engraçado seu sotaque forte e a forma como usava as palavras para designar as coisas. Lá eles dizem "meu auto", auto de automóvel, claro, diferentemente daqui do Sudeste. Fomos rindo de uma ou outra palavra usada aqui e lá, e admirando a riqueza e o dinamismo da língua. Ela me contou que, até então, fazia o caminho com franceses e italianos, sem encontrar sequer um brasileiro, e mesmo sem falar qualquer dessas línguas, se comunicava muito bem. "Coisas do caminho, aqui todos nós nos entendemos", dizia ela.

O caminho, de piso acimentado, ou um pouco de asfalto, seguia pelos vinhedos de Rioja, às vezes beirando *la carretera* e outras vezes por entre hortas cultivadas num piso de terra marcado por tantos anos. De tempos em tempos, uma fonte, onde abastecíamos nossos cantis. Eu levava uma prática e leve garrafa plástica de água mineral.

Passamos por Navarrete, uma charmosa vila medieval. Ali nas redondezas existe a ruína do lendário *Castillo de Clavijo.* [6]

Paramos muitas vezes, para descansar ou contemplar a natureza. Tiramos as botas para descansar os pés. Compartilhamos nossos lanches: frutas secas, pedaços de queijo, suco de caixinha e pão. Sempre tínhamos um pedaço de pão.

[6] Castelo de Clavijo – "Santiago Mata-mouros"

A aproximadamente 17 quilômetros de Logroño, sobre uma rocha, está situada uma das ruínas mais estranhas e emblemáticas do caminho: é o "Castelo de Clavijo", nome associado ao início da reconquista da Península Ibérica em poder dos mouros. Nesse local, segundo a lenda, teve lugar a célebre batalha entre as tropas do rei Ramiro I de Astúrias e as hostes de Abderramán II, em 23 de maio de 844, segundo uns, e 859, segundo outros.

Conta a lenda que, pela primeira vez, o Apóstolo Tiago aparece ao rei montado em um cavalo branco. Durante as sangrentas batalhas, ajuda-o a vencer, livrando-o do vergonhoso "Tributo das cem donzelas", tributo esse que obrigava aos cristãos entregar, anualmente, ao emir de Córdoba, cem donzelas em virtude de um pacto de não agressão. Desse modo, criou-se a figura lendária de "Santiago Mata-mouros".

Em agradecimento à vitória alcançada, Ramiro I concedeu, dois dias depois da batalha, em Calahorra, voto a Santiago, pelo qual obrigava todos os camponeses do norte da Península Ibérica a pagar um dízimo em forma de cereais à Catedral de Santiago de Compostela.

Íamos seguindo as setas amarelas, os sinais do caminho. Quase em Nájera deparamos com um muro enorme, branco, de uma antiga fábrica de farinhas, com uma poesia – mensagem de otimismo e reflexão deixada por Eugenio Gabribay, um pároco da redondeza.

Polvo, barro, sol y lluvia
Es Camino de Santiago.
Millares de peregrinos,
Y más de un millón de años.
Peregrino, quién te llama?
Qué fuerza oculta te atrae?
Ni el Campo de las Estrellas
Ni las grandes catedrales.
No es la bravura navarra,

Ni el vino de los riojanos,
Ni los mariscos gallegos,
Ni los campos castellanos.
Peregrino, quién te llama?
Qué fuerza oculta te atrae?
Ni las gentes del camino,
Ni las costumbres rurales.
No es la historia y la cultura,
Ni el gallo de la Calzada,
Ni el palacio de Gaudí,
Ni el castillo Ponferrada.
Todo lo veo pasar
Y es un gozo verlo todo,
Mas la voz que a mí me llama
La siento mucho más hondo.
La fuerza que a mí me empuja,
La fuerza que a mí me atrae
No sé ni explicarla ni yo.
Sólo El de Arriba lo sabe!

Que força oculta nos atraía ali, perguntava o texto? Naquela hora, também nós não sabíamos responder, só tínhamos a certeza de querer continuar...

Nájera, em árabe, significa "entre penhascos". Foi a primeira cidade a ter moedas cunhadas depois da Reconquista Cristã, em 923, pelos navarros. Em 1076, passou às mãos de Alfonso VI, de Castilla, que incrementou as rotas do Caminho de Santiago, recuperando pontes e construindo hospedarias, igrejas e o famoso *Monasterio de Santa María la Real*, exemplo da arte gótica.

Chegamos à cidade por volta de duas da tarde. Atravessamo-la toda até encontrar o albergue. Meus pés reclamavam muito: eu já tinha outra bolha, agora no pé direito. No albergue, surpresas: a primeira, a hospitaleira Evelyn, mineira, moradora de Brasília, nos recebeu como amigas. Segunda: pegamos as duas últimas camas disponíveis. Terceira: encontramos novamente a Célia.

Fizemos festa ao vê-la, estranhando a sua presença. Ela contou que foi "quase expulsa" de Logroño e que tinha vindo de táxi até o albergue mais próximo e, por sorte, foi recebida por Evelyn, que, mais sensível à sua condição, decidiu deixá-la ali até que estivesse recuperada suficientemente para continuar. Célia tinha o firme propósito de chegar a Santiago de Compostela. Em seus pés, tecidos necrosados, além de enormes bolhas entre os dedos. Pisar para ela naquele momento era impossível.

O grupo de brasileiros continuava unido e acabamos nos encontrando todos em volta da cama de Célia, depois de cumpridas as devidas rotinas. Evelyn trouxe umas bolachas recheadas e ficou ali, contando as histórias do caminho. Disse já ter feito todo o caminho francês por quatro vezes e presta serviço como hospitaleira em Nájera, durante 15 dias a cada ano. Contou um caso de amor que ela havia presenciado na véspera: um francês já havia andado mais de 30 quilômetros e acabava de chegar. Ao ver uma moça canadense que saía, resolveu acompanhá-la, louco de amor, por mais um dia de caminhada! O inusitado era que a moça estava há mais de quatro dias sem banho e tinha um cheiro muito forte, cheirava mal. Ela não sabia contar o fim da história, mas ficou admirada com o que viu.

À tarde chegaram ao albergue José Luis e Katiu, ambos ligados à Associação dos Amigos do Caminho de Santiago de Nájera. Eles fazem todos os dias um trabalho voluntário de assistência aos peregrinos. José Luis é enfermeiro. Socorreu-nos e fez curativos às feridas e bolhas. Katiu é fisioterapeuta. Fez massagens, ensinou alongamentos, orientou sobre posturas e maneiras de andar. Recomendou à Márcia andar mais devagar, já que ela começava a apresentar problemas nos tendões. Meus dedos mereceram os cuidados do José Luis. Eu tinha em boas condições o solado do pé e poderia seguir, disse ele.

Depois dos atendimentos, fui à farmácia e comprei os medicamentos básicos: *Betadine* (um líquido semelhante a iodo, essencial, ajuda a secar as bolhas), *Compeed* (um adesivo de silicone que previne novas bolhas), esparadrapo cirúrgico e um creme muscular. Senti falta de própolis que tinha levado e que raramente se encontra na Espanha.

No albergue, acabamos prestando socorro a um senhor, já de idade avançada, que insistia em não receber ajudas. Estava bastante inchado, tinha as pernas muito machucadas e resistia em se comunicar com as pessoas. Quando adormecia, sentíamos seus gemidos. A turma se mobilizou: chamamos José Luis para olhá-lo, que disse ser muito grave o caso. Ele relutava em compreender as palavras. No final, depois de muito custo, o convencemos a voltar à sua cidade, na França, e imediatamente procurar um hospital. Ficamos depois refletindo sobre a situação daquele senhor, cujo nome desconhecíamos. Por que ele se fechava tanto? Por que não aceitava ajudas? Faltava-lhe um pouco de humildade, mas qual era o histórico de vida que o levava a agir com tantas relutâncias? Nada sabíamos e ali não cabia qualquer julgamento; tínhamos somente que socorrê-lo, nada mais.

À noite fizemos uma salada na pequena e aconchegante cozinha do albergue: atum, cebola, tomate e alface, pão, vinho. Depois da *cena,* fui ajeitar as coisas na cozinha, lavei pratos, organizei utensílios. Enquanto isso, sentia meus dedos insistentemente latejarem. Precisava rever meus planos e me adaptar às exigências do corpo. Era importante aprender com o sofrimento da Célia. Fui dormir pensando nisso: seguir a minha estrela! Como era difícil! O que dizia a minha estrela? Prosseguir, forçando-me? Parar um dia, deixando os amigos? Mais uma vez me submeter ao transporte rápido, de ônibus? Onde estaria a minha estrela?

07 de junho – dia 9

Nájera – Santo Domingo de la Calzada – 20,8 km – ônibus

Acordei descansada, de um sono bom. Meus dedos ainda latejavam muito. Célia continuava na cama, enquanto todos já se aprontavam e desciam para comer. Falei com ela sobre meu estado. Ela sugeriu que eu pedisse a Evelyn para ficar ali também mais um dia e me contou que estava muito feliz, apesar de tudo. Disse que com aquela experiência tinha aprendido a humildade porque, mesmo se preparando tanto, chegava a olhar os outros com um certo desdém: pensava ser mais ou melhor, mas, na condição em que estava, fora obrigada a se render e a se submeter às ordens do caminho, ao ritmo imposto, ao silêncio e, inclusive, a receber ajuda de desconhecidos. A resistência do homem francês, que se negava até a compreender a nossa tentativa de comunicação para ajudá-lo, a fez refletir sobre seus conceitos. Tudo aquilo, junto, serviu para mostrar que é necessário ceder, abandonar o radicalismo ou idéias prontas.

Desci, tomei um café com leite. Enquanto lavava as xícaras, chegou Evelyn, pedindo-me para parar com aquela limpeza. Era a hospitaleira voluntária e, a ela, cabia aquela tarefa. Foi quando pedi para ficar mais um dia. Ela foi categórica: não! E explicou que somente em casos extremos podia deixar alguém permanecer mais de um dia. Era a regra dos albergues.

– "A Célia só está ficando por ser mulher e brasileira. Esta noite vou levá-la para o meu quarto, o que nunca faço. O caso dela é gravíssimo, e na verdade ela deveria mesmo era voltar para o Brasil, mas é teimosa."

E continuou dizendo que hoje o caminho está muito desvirtuado: muitos o fazem porque "está na moda" ou porque é símbolo de *status*; outros, porque é uma forma de turismo barato. E ainda há muitos que se dizem peregrinos, mas não respeitam o descanso alheio e deixam tudo sujo. E outros que vêm em grupos, como caravanas ou pacotes turísticos; e completou que, também pelo lado das associações de amigos do caminho, há muita gente equivocada, interessada em lucros ou "engrandecimento de egos". "O caminho deve ser feito individualmente, solitário, para ser autêntico e verdadeiro". E finalizou: "Estou muito desacreditada".

Fiquei mal ao ouvir todas aquelas duras palavras. Ela percebeu o quanto me ressenti e sentou ali comigo. Sugeriu que outra vez eu pegasse um ônibus. Isso jamais me desmereceria e eu não devia dar ouvidos àqueles que ficaram dando palpites usando o termo "piratas" (como havia ouvido alguém mencionar naquela manhã). "Você tem que se escutar, já que sabe a que veio, e aprender sobretudo a se ouvir. Tudo é aprendizado." E mostrou-me um cartaz que dizia:

Peregrino, peregrino
Tu que cruzas las montañas
Y andas los caminos

No pierdas la esperanza
De llegar a tu destino
"La meta no es Santiago. La meta es el Camino."

Minhas lágrimas rolaram. Num cartaz ao lado havia os diversos horários de ônibus que passavam pela cidade. Eu não disse mais nada. Agradeci a oportunidade daquele encontro, peguei minha mochila, amarrei nela a minha bota, me despedi da Célia e saí.

Do lado de fora, um carro da polícia vinha buscar o francês e o levou até o ponto de ônibus. Também a polícia prestava socorro aos peregrinos. Nájera era o ponto final para aquele senhor. Dali ele seguiria de volta para sua cidade de origem.

Havia outros peregrinos seguindo de ônibus: duas senhoras francesas e dois alemães. Todos com problemas nos tendões. O grupo inicial de brasileiros já começava a se dispersar. Comecei a pensar sobre a dura tarefa do desapego, da necessidade de renovar minhas maneiras de perceber os fenômenos que me aconteciam. Senti-me míope: sabia que não queria ver as coisas como elas eram. Talvez, eu resistisse em ver a minha própria insignificância.

Peguei o ônibus para Santo Domingos de la Calzada. Quando descia na cidade, vi Jón, o militar basco, subindo aquele mesmo ônibus que seguia até Belorado, a próxima cidade do caminho. Trocamos os olhares naquele entra e sai de passageiros e, surpresa, perguntei-lhe: – *Qué te ocurrió, Jón?*

– *Estoy fuera de combate, quatro días sin caminar*, respondeu ele, mostrando os joelhos inchados. Dali, humildemente, ele seguiria para casa. Jón me parecia fisicamente invencível quando o vi pela primeira vez: treinamentos diários, passada forte. Certamente tinha se machucado também por acreditar nessa sua invencibilidade. Tirei a lição: ali nada era muito bem como parecia ser. O caminho apresentava suas mazelas, sem meias palavras.

Quando cheguei ao refúgio, mostrei logo minha credencial. Fui dizendo que havia pegado o ônibus e queria saber se poderia ficar ali, mesmo assim. Carlos, o hospitaleiro chileno, foi amável. Disse que não havia problema em me alojar. Depois de subir com a mochila e escolher minha cama, ele pediu que o ajudasse a receber os demais peregrinos. Pela ajuda deu-me de presente um *botton* para que eu colocasse no chapéu. Perguntei sobre a lenda do galo e da galinha [7], segundo a qual se o galo cantasse enquanto alguém estivesse dentro da igreja, teria os pedidos atendidos. Rindo, ele respondeu que bastava ouvir o cantar dos galos e nem era preciso sair do albergue. Levou-me então ao quintal para ver os galos e galinhas e explicou que, a cada mês, eles eram trocados com os que ficavam na catedral. Todos os que estavam ali, um dia, estariam no galinheiro da igreja.

[7] Lenda do Galo e da Galinha de Santo Domingo de la Calzada

Conta a tradição que, entre os muitos peregrinos que iam a Compostela e ali paravam para venerar as relíquias de Santo Domingo, chegou um casal com o filho Hugonell, de 18 anos, procedentes da Paróquia de *Ads Sanctos* – Munster (Colônia – Alemanha).

A moça do hotel onde eles se hospedaram enamorou-se do rapaz e, perante a sua indiferença, decidiu-se vingar. Meteu um copo de prata na sua bagagem e, quando os peregrinos seguiram seu caminho, ela o denunciou junto ao Corregedor.

Naquela época (fórum de Alfonso X, o sábio), o crime de roubo era punido com a pena de morte. Hugonell, preso e julgado, foi enforcado. Seus pais, ao saírem do Caminho de Santiago, para ver o filho enforcado, escutaram a voz do filho que dizia estar vivo graças a Santo Domingo de la Calzada.

Foram imediatamente à casa do Corregedor e lhe contaram o prodígio. Incrédulo, o corregedor os contestou, dizendo que "seu filho está tão vivo como o galo e a galinha que tenho assados e que vou comer". Nesse instante, o galo e a galinha, saltando do prato em que estavam, puseram-se a cantar.

Desde esse dia, na igreja de Santo Domingo de la Calzada, um galo e uma galinha de penas brancas são mantidos vivos junto ao altar, num alambrado no estilo gótico tardio, coberto com uma tela renascentista que recebe o nome de *Gallinero.* As aves são substituídas a cada 20 dias e somente ocupam o galinheiro no período de 25 de abril a 13 de outubro.

Ao entrar na igreja, se você ouvir o galo cantar, é um sinal de que a sua peregrinação será bem-sucedida. Daí o ditado popular: *Santo Domingo de la Calzada, donde cantó la gallina después de asada.*

O albergue de Santo Domingo era completo. O quarto tinha camas individuais e era bastante arejado. Banheiros separados para homens e mulheres e, na cozinha, uma mesa grande. Havia também bicicletário e um estábulo.

Subi depois para descansar e acabei dormindo. Sentia um pouco de cólica. Estava muito sensível, chorosa. Depois da soneca, desci para tomar banho. Carlos me levou então até uma enfermeira alemã que olhou meus dedos. Ela disse que já não havia inflamação nas bolhas e que poderia caminhar no dia seguinte. "Você vai continuar sentindo dores, mas pode caminhar. Sempre que chegar, tire as botas e mantenha os pés limpos. Use sempre meias limpas também" – recomendou com simpatia.

De volta ao albergue, senti meu fluxo descendo como se não houvesse mais nada para estagnar. Senti-me outra vez confiante e pronta a seguir adiante. Vencia os obstáculos com perseverança e a paciência imposta. Tudo era mesmo muito transitório, refleti.

Fui ao supermercado e comprei *horchata de chufas*, uma deliciosa bebida espanhola, que sabia ser desconhecida dos brasileiros. Convidei todos a provarem e fui conhecer a famosa Catedral onde estava o galinheiro da lenda.

Na saída, encontrei Márcia que trocou comigo as sandálias (me emprestou as suas havaianas, mais confortáveis). Ela estava com "Paquita", uma peregrina francesa que esbanjava alegria e emoção. Paquita contou ter saído de Montpellier, na França, havia dois meses. Buscava aceitar seu destino de ter uma filha deficiente, acidente de uma rubéola na gravidez. Naquele momento, dizia já ter entendido sua missão. Estava ansiosa por reencontrar a filha, tão logo chegasse a Santiago de Compostela.

Santo Domingo foi um ermitão que dedicou sua vida a auxiliar os peregrinos que iam a Santiago: construiu hospitais, abriu bosques, levantou pontes – a mais famosa ainda existe sobre o Rio Oja, rio que batiza a região – Rioja. Morto em 1109, aos 90 anos de idade, Domingo foi reconhecido santo. O povoado nascido em torno de seu sepulcro recebeu seu nome e passou a ser uma das importantes cidades da rota *jacobea.*

De volta ao albergue, encontrei sobre a geladeira um prato de macarronada com atum, deixado por Iracema e Luciano, que haviam ido à missa. Senti outra vez não estar sozinha. Sabia ter força suficiente para seguir adiante, com confiança. *Ultreya*! Era a palavra que eu precisava acreditar!

08 de junho – dia 10

Santo Domingo de la Calzada – Belorado – 22,4 km – seis horas e meia de caminhada

Acordei sobressaltada: Já era hora! Luciano, cuja cama era ao lado da minha, já estava de partida. Na rua, enquanto esperava alguém mostrar que direção seguir, admirei a imensidão da lua cheia. Apareceu Miguel, um espanhol de San Sebastián, com quem caminhei um pouco. Ele estava fazendo somente um pequeno trecho e ia interromper sua caminhada dali a dois dias. Ainda sob a luz do luar, passaram por mim: Márcia, João e Iracema.

Acompanhei-os caminhando mais lento. Sentia que meu dedo, apesar de estar com uma bolha imensa, pouco incomodava. Outras bolhas surgiam. Chegava a ser engraçado como, aos poucos, fui acostumando-me ao desconforto, sem tanto sofrer.

De repente, depois de atravessarmos a estrada e passarmos por uma plantação irrigada (que nos molhou), apareceu Miguel, voltando apressado. Ele explicou que havíamos tomado a direção errada. Nós, os brasileiros e mais alguns espanhóis, nos reunimos e resolvemos prosseguir por ali mesmo, embora não víssemos as setas amarelas. Andamos naquela direção aproximadamente durante uma hora, até que resolvemos voltar. De fato, estávamos perdidos. Foram quase duas horas em vão.

Desfeito o equívoco, continuei mantendo meu ritmo mais lento, até que encontrei outra vez a turma que havia parado para um lanche em Castidelgado. Parei também e tirei das botas umas pedrinhas que incomodavam.

A partir daí a trilha seguiu monótona por entre plantações de trigo, cevada e batata. Segui sozinha, até ultrapassar um peregrino francês que fazia o caminho com seu burrico. Ele brincou comigo: *Allez* Brasil!

Mais adiante encontrei Rafael, espanhol de seus sessenta e poucos anos, que resolveu ralentar seu passo para seguir comigo. Foi contando sua história. Disse já ter sofrido dois enfartes e por isso carregava consigo um atestado de invalidez que lhe garantia hospedagem em todos os albergues, não importando a ordem da sua chegada. Achei aquilo estranho, mas ele acabou me mostrando o papel.

Finalmente chegamos a Belorado e havia uma fila imensa para registro no albergue. Alguns peregrinos não iam pernoitar ali e só queriam carimbar suas credenciais; mesmo assim, já não havia lugar para todos. Indecisa, chamei Beth, para comer alguma coisa. Resolvemos seguir de ônibus para a próxima cidade, mas, depois de conversar com uma outra peregrina, decidimos voltar e ver uma última possibilidade de ficarmos ali mesmo. Deu certo!

A hospitaleira nos cedeu um colchão largo, debaixo da escada da cozinha. Acomodadas, cumprimos a rotina: tomamos banho, lavamos as roupas, tratamos os pés, limpamos as botas. Depois andamos pela cidade e fomos ao supermercado, onde compramos os víveres de sempre: chocolates, frutas secas, sucos de caixinha. O meu suco preferido era sempre o de pêssego (*melocotón*). Fui também ao Posto de Saúde dar uma limpeza e higienização adequada às feridas.

Ao final da tarde, já de volta ao albergue, ouvi uma música que me chamou a atenção: era uma orquestra de sopros composta por meninas adolescentes que brilhantemente tocavam para os peregrinos. Essa surpresa que nos encheu de alegria e quebrou um pouco a suada rotina.

O albergue de Belorado ficava ao lado da *Iglesia Parroquial de Santa María*, onde havia missa e bênção todos os dias. Nessa igreja, construída no século XVI, há um magnífico retábulo totalmente dedicado a Santiago, que retrata o apóstolo em várias passagens, inclusive como peregrino e como missionário combatente "Mata-mouro". Sob esse altar, o pároco deu a bênção a todos. Em seu discurso, destacou o verdadeiro espírito peregrino. Mostrando o altar, ele se disse envergonhado daquela representação: de um Santiago lutador, fanático, nacionalista, de um Santiago mata-mouros. Ressaltou que o autêntico peregrino devia ter um olhar grande, aberto, receptivo às novidades e às diferenças entre os povos; devia calcular cada passo em função do futuro e estar preparado para, a cada dia, receber as diversas surpresas do caminho e do caminho cotidiano: boas ou ruins, duras ou alegres. Segundo ele, o verdadeiro peregrino tem o coração aberto, fraterno, e é capaz de valorizar qualquer coisa – a paisagem, a cultura, as pessoas. Por isso, o peregrino jamais se sente estrangeiro. Destacou o bastão, símbolo da fragilidade, da necessidade de apoio, de companhia. Finalizou dizendo que caminhar é saber o que se quer e nos restava, então, naquele momento, pedirmos a claridade, a consciência de estarmos ali.

A força das palavras daquele sacerdote me fez sentir "humildemente honrada". À saída da igreja, encontrei Fernando, também emocionado. Comentei com ele sobre o que ouvimos e ele me convidou a fazer algumas meditações *wiccanas* se nos encontrássemos durante os trajetos. Novamente surpresa aceitei, mas sem saber se seria possível, já que sempre nos encontrávamos nos albergues, nas cidades. Nunca pelos caminhos. Fiquei torcendo para encontrá-lo junto à natureza. Ele disse que também faria um ritual especial em Santiago e gostaria da minha participação. Outra vez me senti honrada e invoquei Saturno, o "senhor dos tempos", para que nos permitisse compartilhar um novo momento.

Fui me deitar feliz naquele dia. Sem maiores problemas, tinha vencido aquela etapa a pé. Havia ficado intimamente aborrecida por não ter tido condições de andar os dois dias anteriores. Precisava crer que não usaria mais ônibus nas próximas etapas. Além disso, tinha encontrado Fernando com o mesmo sentimento espiritual que eu. Embora educado dentro do cristianismo, tinha optado por seguir os preceitos pagãos e sabia bem tudo o que envolvia essa decisão. Eu queria mesmo encontrá-lo nas próximas etapas, mas estava segura de que já havia valido aquela troca de palavras. Se tudo desse certo, faríamos uma pequena cerimônia conjunta na cidade de Santiago, quando chegássemos.

No dia seguinte, próxima etapa, dormiríamos em San Juan de Ortega, um lugar já comentado como especial nessa trilha. Eu estava ansiosa por conhecer.

09 de junho – dia 11

Belorado – San Juan de Ortega – 24 km – cinco horas e quinze minutos de caminhada

Os Mandamentos do Peregrino:

Seguirás as flechas sobre todas as coisas.
Não andarás quilômetros em vão.
Não descansarás nem nos feriados.
Chamarás a teu pai e a tua mãe.
Não pararás.
Não levarás meias sujas
Não te queixarás
Não dirá falsas distâncias ao falar
Não terás pensamentos nem desejos de ir-te
Não cobiçarás as bolhas alheias.

Esses dez mandamentos se encerram em dois: andarás sobre todas as coisas e cuidarás da mochila do próximo como da tua mesma.

Assinado: Sobrinhos do padre de Segura de Léon

No dia anterior, quando fui dormir debaixo da escada, percebi que muitos outros peregrinos que haviam chegado mais tarde ocuparam o salão do refúgio. De maneira improvisada, espalharam-se em seus sacos de dormir, ou sobre cobertores dobrados, acomodando-se onde havia espaço. Todo o chão estava repleto de gente.

Acordei por volta das quatro e meia da manhã, como de costume. Beth, que dormia ao meu lado, tratou de se levantar. Ela me disse que, dormindo, eu gargalhava baixinho como uma criança e dizia si, si, si. Achei interessante, mas, infelizmente, não me lembrava do que havia sonhado.

Estava certa de que a cada dia faltava menos para se chegar a Santiago e bem disposta para seguir andando os próximos vinte e quatro quilômetros até

San Juan de Ortega. Lanchei (suco com *galletas* recheadas) e parti, na companhia da Beth, atravessando a ponte sobre o rio Tirón. Logo depois, Márcia nos alcançou e seguimos juntas.

A trilha seguia atravessando trechos de pouca vegetação, pequenos povoados com algumas ruínas medievais e cemitérios antigos até Villafranca Montes de Oca. Ali existem várias construções da época da definição do Caminho de Santiago. Entre elas, o *Hospital de San Antonio Abad,* de 1380, e a *Iglesia de Santiago*, do século XVIII.

O tempo se mantinha bom. Nenhuma ameaça de chuvas, desde nossa saída de Saint-Jean Pied de Port. Como sempre saíamos antes do amanhecer, chegávamos a um novo albergue com tempo suficiente para um bom descanso. Além de evitarmos caminhadas sob o calor intenso do sol, podíamos desfrutar dos locais que nos acolhiam.

Atravessamos uma grande floresta de pinheiros numa trilha agradável e sombreada por quase duas horas. Ali, entre os pinheirais, relembrei com Márcia o mito de Átis e Cibele, personagens da mitologia assíria. Falamos das dependências e dos aprisionamentos muitas vezes estabelecidos entre parceiros, condenando-os a uma manipulação doentia e gratuita, geradora de mentiras, instabilidades, medos e falsidades. Falamos o quanto é positiva a condição de liberdade, o respeito à individualidade, principalmente quando dentro de um casamento ou de uma vida compartilhada.

Subimos uma forte colina de terra batida e cheia de pedras e descemos, por volta das onze horas da manhã, um vale até o Monastério, ao lado da Igreja de San Juan de Ortega. Ao chegar, éramos aplaudidos pelos que ali esperavam o albergue abrir. Emocionada, Iracema me abraçou forte e se disse admirada com a minha garra de não me ter deixado abater pelo roubo da mochila e pelas tantas bolhas que perturbavam. Brinquei com ela, mostrando meu bíceps: "sou forte", disse, tirando as botas.

Aberto o albergue, tratamos de nos acomodar nos amplos quartos do Monastério. Fomos calorosamente recebidas pelo Padre José María, único responsável pelo lugar. Mas, o aspecto geral das instalações do refúgio não era bom: colchões velhos e muita poeira, parecendo estar abandonado. Nos banheiros, somente água fria. Não havia papel higiênico. Também não havia cozinha disponível aos peregrinos. A precariedade não nos tirava a alegria.

Depois de descansarmos um pouco, fomos para o único bar do lugarejo. Já éramos quase todos conhecidos e sentávamos onde podíamos. Almoçamos e bebemos vinho, falando de nossas experiências, de nossos estilos de vida, rindo das situações cômicas ou desastrosas acontecidas no caminho. A convivência diária e a condição de peregrinos nos permitiam compartilhar certas intimidades: trocávamos roupas na frente uns dos outros sem constrangimentos, usávamos os banheiros coletivamente sem, no entanto, ferir a dignidade ou o respeito de ninguém.

Enquanto estávamos no bar, passaram dois peregrinos de bicicleta, trazendo notícias da Célia: ela ainda estava em Nájera e, possivelmente, ficaria ali por mais uns dias até poder novamente prosseguir.

Em meio ao vinho e às conversas, encontrei uma revista que dizia estarmos em um dos mais importantes sítios arqueológicos da humanidade: a *Sierra de Atapuerca*, onde se encontraram, em 1992, restos completos e melhor conservados de 32 indivíduos da Era Pleistoceno médio, aproximadamente há 800 mil anos. O achado foi tão importante que "o homem de Atapuerca" é considerado o vestígio do *homo sapiens* mais antigo de toda a Europa.

De repente começou a esfriar. Quando me dei conta, vi um grande arco-íris atravessando o céu. Estava chuviscando e já eram quase oito da tarde e logo começaria a missa celebrada pelo Padre José María.

San Juan de Ortega, também conhecido como advogado contra esterilidade, nasceu em 1080 e colaborou com Santo Domingo (de la Calzada) na construção de pontes, igrejas, hospitais e estradas unicamente para servir ao peregrino no século XI. Depois de peregrinar pela terra santa, San Juan voltou com as relíquias de São Nicolau e, por ter-se salvo de um naufrágio, construiu naqueles montes (Monte de Oca) um hospital (hoje inexistente) e a capela a *San Nicolás de Bari*. Essa capela, depois da sua morte em 1163, foi inúmeras vezes reformada e guarda seus restos num mausoléu ricamente decorado, obra da arte românica.

Depois da missa e bênção, o pároco mostrou e explicou as obras arquitetônicas e artísticas do interior da igreja: o mausoléu de San Juan de Ortega e as cenas da Natividade (Anunciação, Visitação, Sonho de São José e Nascimento de Cristo) entalhadas num dos capitéis da igreja. Nos equinócios da primavera e do outono, o raio de sol do crepúsculo entra por uma única janela criando a espetacular impressão de que o Espírito Santo pousa sobre o ventre de Maria. Essas representações, conhecidas pelo "Milagre da Luz", datadas do final do século XII, reforçam a lenda dos milagres contra a infertilidade atribuídos a San Juan.

Depois da missa, Padre José María serviu a famosa sopa de alho (*sopa de ajo*) feita carinhosamente para os peregrinos. A partir daí, todos se recolheram. Copiei esta frase, colada na porta de um dos quartos: "*Que Dios nos de la paz que el mundo no pueda dar*" (S. Juan de Ortega).

Na cama, antes de dormir, fiquei pensando em tudo o que vi ali. Tudo tão precário e o Padre José María, com toda alegria e disposição para conosco. Sua vida: 25 anos de inteira dedicação aos peregrinos do caminho! Durante a bênção, o sacerdote deixou algumas reflexões no ar, perguntando-nos se sabíamos o que havia nos levado àquele lugar. Por que estávamos fazendo o Caminho de Santiago? Disse que, apesar de tantos transtornos e incômodos de bolhas, tendinites e dores diversas, tínhamos todos um projeto de vida. Certamente estávamos ali não por uma casualidade ou diversão, mas porque havíamos sido tocados por algum "chamamento", algum desejo de transformação. Pediu-nos que, apesar de toda tecnologia, conduzíssemos nossa vida de maneira mais simples e natural. Ao final, concluiu que somente 25 dos peregrinos sabiam por que faziam o Caminho de Santiago.

Estava afixado no Albergue de San Juan de Ortega:

> "Ler com atenção:
>
> ⇨ Fazer o Caminho de Santiago é um compromisso pessoal e corresponde exclusivamente ao próprio peregrino proporcionar-se os meios necessários adequados (pertences, alimentação) para levar ao cabo sua empreitada.
>
> ⇨ A hospitalidade tradicional existente no caminho fez com que fossem construídos refúgios, albergues e hospitais e gozam da preferência os mais necessitados.
>
> ⇨ O peregrino não pode exigir nada, dada a sua condição. Cabe sempre agradecer a ajuda recebida.
>
> ⇨ Os refúgios carecem de subvenções e devem manter-se com a colaboração desses mesmos peregrinos.
>
> ⇨ Ao chegar num refúgio deve-se mostrar a Credencial antes que a peçam.

⇨ Deve-se acatar as normas internas de cada refúgio e atender as indicações dos hospitaleiros.

⇨ Deve-se manter limpos os refúgios onde pernoitar e cuidar de suas instalações.

⇨ Deve-se respeitar o descanso dos demais peregrinos.

⇨ Se percorrer o caminho em grupo organizado ou de bicicleta, é aconselhável que procure um albergue alternativo diferente dos refúgios de peregrinos.

⇨ A credencial poderá ser tomada pelo seu indevido uso."

10 de junho – dia 12

San Juan de Ortega – Hornillos del camino – 45,9 km – sete horas e meia de caminhada até Burgos + carona até Hornillos del Camino

Era domingo e estava escuro quando acordei. Ainda sem pular do beliche, percebi que havia sonhado com muitos bebês. A representação do retábulo da igreja iluminado exatamente pela luz do sol dos equinócios certamente tinha ficado movimentando no meu inconsciente. Refleti sobre o fato das religiões sempre se aproveitarem dos caprichos da natureza para realçar suas crenças. Se houve coincidência do arco-íris aparecer no local do Milagre da Luz, eu, atenta a esses fenômenos, não passei despercebida. Se isso servia como aviso, podia ser um bom presságio, pensei.

O dia amanheceu nublado e frio. Nossa meta era chegar à maior cidade do Caminho de Santiago: Burgos, capital da antiga província de Castilla e León.

Sem comer qualquer coisa, saímos às cinco e quarenta e cinco da manhã. Márcia e eu, mais Iracema, João e Luís, um peregrino chinês, seguindo as setas amarelas. Logo à frente, ao cruzarmos a *carretera*, três caminhos. Optamos pelo caminho do meio que bordeava a *Sierra de Atapuerca*, um trecho de subida forte e muitos pedregulhos, mas com uma bela paisagem de campos coloridos de papoulas, numa altitude de, aproximadamente, mil metros. Seguimos por umas duas horas até Cardeñuela, onde paramos para comer.

Apesar das bolhas, eu conseguia manter um bom ritmo de caminhada. Iracema, João e Luís seguiram seus ritmos próprios e acabamos nos distanciando. Márcia continuou comigo e seguimos sem quase parar até encontrarmos a infindável entrada na cidade de Burgos: eram muitos quilômetros de *autopista* numa área industrial e hostil aos nossos olhos.

Quando finalmente chegamos ao centro de Burgos, encontramos uma grande e festiva passeata. Uma manifestação popular incentivava o caminhar a pé pela cidade: *Un dia sin coches.* Esse tipo de manifestação tem acontecido nas grandes cidades européias, valorizando o uso do transporte coletivo e conseqüente melhoria da qualidade do ar.

Atravessamos a manifestação seguindo as setas amarelas até a belíssima *Catedral Metropolitana de Santa María de Burgos.*

Magnífica obra gótica iniciada em 1221 por Fernando III e consagrada em 1260, teve sua construção estendida até o século XVI, conservando, porém, a coerência estilística. No seu interior, numa das capelas, aparece novamente a representação de Santiago como mata-mouros, obra do século XV. Junto à catedral existe um museu. Ali, um pequeno incidente nos deixou aborrecidas. Depois de *sellar* minha credencial, pedi para visitá-lo. Informaram-me então que o museu estava aberto somente para turistas, e não para peregrinos, e que era necessário pagar para entrar. Saí irritada, com Márcia me seguindo e deixando todos perplexos!

Prosseguimos buscando as setas amarelas pelas ruas da grande Burgos. O albergue ficava dentro de um grande parque na saída da cidade. Chegamos lá por volta de treze horas. O dia estava nublado e resolvemos seguir um pouco mais: eu sabia da existência de um refúgio recém-inaugurado em Rabe de las Calzadas, um lugarejo distante uns dez quilômetros dali.

Se, por um lado, eu gostava da companhia dos brasileiros, por outro, começava a sentir falta de privacidade, necessitava de um pouco mais de isolamento. Sentia que ali, andando como numa caravana, acabávamos fazendo julgamentos e também éramos julgadas. O fato de eu ter tomado ônibus foi malvisto pelos companheiros peregrinos. Também comentávamos o fato de Magnólia, a mãe do Gustavo, estar seguindo cada trecho de táxi por causa de tendinites. Ela fazia o trajeto de táxi e levava as mochilas do filho e de alguns outros amigos.

Resolvidas, continuamos andando. Um pouco à frente, paramos para comer e seguimos, atravessando uma plantação de eucaliptos e depois um campo de trigo. Nesse momento, o céu ficou mais cinza e começou a chover. Não havia onde nos esconder e começamos a correr. Como num passe de mágica, ao atravessarmos uma estreita pista asfaltada, surgiu um carro que parou ao nos ver. Perguntamos se iam até Rabé de las Calzadas e o senhor disse:

– *Voy a Hornillos del Camino, un poco adelante. Alli hay un refugio donde puedan quedarse.*

Não pensamos duas vezes. Nos acomodamos no banco de trás entre panelas e sacos de frutas que estavam sendo levados a um outro povoado da região. A senhora que o acompanhava foi amável: quando dissemos que estávamos vindo de San Juan de Ortega, aconselhou-nos a parar. O senhor a deixou numa casa, atravessou outros tantos trigais e parou o carro numa esquina, mostrando-nos o refúgio no final de uma rua. Já não chovia, embora o tempo continuasse nublado e frio.

A pequena vila de Hornillos del Camino é um típico povoado surgido com a rota *jacobea*. Seu traçado urbano se estruturou ao longo de uma rua-caminho. Abrigava vários hospitais, hoje inexistentes, mas conserva duas pontes medievais sobre o rio Hornazuela.

O albergue, municipal, estava praticamente vazio quando chegamos. Encontramos uma senhora brasileira que fazia o caminho muito devagar, quase que parando em cada albergue. Ela nos contou que uma moça brasileira, que vinha de bicicleta com o namorado, havia se acidentado naquela tarde. Estavam em estado de choque, e não falavam espanhol, mas acabaram sendo socorridos por um francês, que também não conhecia a língua. Nessa torre de Babel, todos acabavam se entendendo. Encontramos também, e sozinha, a canadense descrita pela Evelyn – aquela que abalou o coração do francês de olhos azuis.

Limpamos nossas botas do barro agarrado e lavamos as calcinhas. Torcíamos para o tempo melhorar e tudo secar sem maiores problemas. Tínhamos tido uma imensa sorte, já que a minha proteção para chuva havia sido roubada com a primeira mochila em Pamplona. Depois tomamos o banho, que variava do quente ao frio, conforme abríamos a torneira. Enquanto esperávamos abrir o único restaurante do lugar às cinco da tarde, deitei um pouco para descansar. Foram chegando outros peregrinos que até então não conhecíamos.

Saímos para o bar-restaurante. A comida, o típico menu peregrino, só era servida às sete e meia. Ficamos ali, observando o movimento. O bar era o ponto de socialização dos homens do lugar. Ali, eles se reuniam para jogar cartas, beber e conversar. A televisão era mantida desligada, um fato raro num lugar como aquele. Não havia nenhuma mulher além de nós e de outras duas peregrinas que chegaram mais tarde.

Alimentadas, voltamos para o refúgio e tratamos de nos acomodar para dormir.

No quarto, havia um casal recém-chegado: ele, alemão; ela, italiana. Estavam em "lua-de-mel" (termo por ele ignorado) peregrinando pelas trilhas de Santiago. Achamos inusitado o despojamento deles, dividindo a noite com tantos estranhos, naquele momento de tamanha intimidade. Eles dormiram, embora juntinhos, cada um em seu saco de dormir.

11 de junho – dia 13

Hornillos del Camino – Itero del Castillo – 30,4 km – oito horas e meia de caminhada

Fazia muito frio e a lua minguante ainda estava no céu quando saímos do refúgio de Hornillos del Camino. Eram seis e quinze da manhã. O dia amanhecia claro, fazendo-nos esquecer completamente o mau tempo e a chuva da véspera. Seguimos ao som dos pássaros, Márcia e eu, entre plantações de trigo e o desabrochar de pequenas flores. Um pequeno grupo de espanhóis barulhentos caminhava por ali, mas logo os perdemos de vista.

Seguimos, às vezes em silêncio, às vezes conversando um pouco. Sentia outra vez aquela agradável sensação de liberdade e paz. Talvez por estarmos novamente só as duas e termos nos separado do grande grupo de conhecidos brasileiros, espanhóis e franceses. Na verdade, eu estava me sentindo um pouco oprimida por aquela convivência diária com todos.

A paisagem ia se transformando aos poucos. Mantínhamos a mesma marcha ritmada, ora mais forte, ora mais lenta. Atravessamos um longo trecho sem cultivo onde não vimos nenhuma pessoa, apenas as setas amarelas e alguns importantes marcos do caminho: o cruzeiro e as belas ruínas de um antigo hospital de peregrinos (*Méson de los franceses*) em Hontanas e os restos do Convento de San Antón, outra impressionante construção gótica, do século XIV, que encontramos isolada em meio a uma ampla paisagem.

Chegamos finalmente a Castrojeriz, por volta do meio-dia, bastante esfomeadas e com os pés pedindo descanso. Atravessamos quase toda a cidade, também sem encontrar uma "viva alma". Castrojeriz, como tantas outras cidades, tem um castelo que vimos ao longe e um traçado urbano que se estrutura ao longo de uma rua principal do Caminho de Santiago. Sua fundação retoma a época visigótica. Nos séculos IX e X foi cenário de contínuas batalhas entre sarracenos e cristãos.

Já saindo da cidade, passamos pela *Iglesia de San Juan*, uma bela igreja gótica com três espaçosas naves. Encontrei ali, pendurada numa grade da porta principal, uma vieira, a concha-símbolo do peregrino. Cuidadosamente, a desamarrei da grade e a carreguei comigo. Sentia falta desse símbolo, desde que perdi a mochila em Pamplona. Logo depois, na parte mais nova da cidade, encontramos um pequeno mercadinho aberto, onde compramos frutas, iogurte, pão e azeitonas.

Antes de sairmos da cidade, paramos para descansar e comer à sombra de uma casa. Dali, víamos a estrada, por onde deviam seguir os peregrinos-ciclistas, e a trilha de terra, que cortava uma planura e uma colina bastante íngreme, por onde seguiríamos. Acompanhávamos o trabalho barulhento de operários na rua, fazendo-nos crer que não estávamos numa cidade fantasma. Ficamos ali durante quase uma hora: botas, meias e pés ao sol. Costurei a vieira na parte externa da mochila.

Descansadas e alimentadas, seguimos em frente. Sabíamos que, até encontrar um próximo refúgio, ainda teríamos aproximadamente onze quilômetros de caminhada. Atravessamos a planície e passamos por um pastor com um enorme rebanho de ovelhas, já voltando para casa. Subimos a forte colina. Lá de cima, tínhamos uma vista ampla e linda sob um céu completamente azul. Depois, uma descida forte e, mais adiante, novamente plantações de trigo que apresentavam tons de verde e amarelo. O vento balançava o trigal como ondas do mar. Me veio a canção do Gil: "lugar comum, todo mar é um, começo do caminhar, pra beira de outro lugar..."

Eu estava muito confiante naquele dia e em harmonia com o universo. Conversava com Márcia sobre meu estado de espírito e refletia sobre os presentes que havia recebido da vida nos últimos anos. Sentia-me imensamente agradecida por aquele momento, subindo aquela serra, podendo desfrutar daquela imensa sensação de paz. Sentia-me vitoriosa por ter atingido a meta de estar trilhando o Caminho de Santiago.

A trilha se transformou numa estrada asfaltada. Logo depois, seguindo as setas, nos deparamos com a *Ermita de San Nicolás*, fundada por Nuño Pérez, em 1174, e erguida no meio do nada, bem na fronteira das províncias de Burgos e Palencia, às margens do rio Pisuerga. Do outro lado, atravessando a *Puente de Itero*, obra construída a mando de Alfonso VI, está Itero de la Veja, outro povoado medieval. A Ermita, hoje transformada em albergue pela *Confraria di San Jacopo di Compostella de Perugia*, estava fechada, mas tinha um jardim bem cuidado com ervas medicinais e certamente era habitada.

Enquanto tirava as botas para arejar os pés, chegou Lino, o hospitaleiro italiano, numa *furgoneta* carregada de compras. Brincalhão, dizendo ser o próprio São Nicolau, convidou-nos para ficar, já mostrando outras modernas dependências do albergue, onde poderíamos tomar banho com água quente e lavar todas as roupas.

Cativadas, resolvemos ficar e tratamos de nos acomodar: carimbamos nós mesmas as credenciais e tratamos logo de nos aprontar. Tudo estava disponível: sabão, detergentes, bacias. Outros peregrinos foram chegando. Alguns ciclistas tomavam banho e permaneciam. Outros seguiam em frente.

Fiquei um tempo tomando sol na porta da ermita imersa num devaneio de paz. Tudo me parecia mágico: a atmosfera do lugar, o sol que secava as roupas e me aquecia, o céu imensamente azul, o horizonte vasto, uma paz quase infinita. Lino passava de um lado para outro, ajeitando coisas, seguido por sua simpática cadela Luna. De repente pediu que o ajudássemos a preparar o jantar e falou: "à noite servimos um jantar; os homens arrumam a mesa e as mulheres fazem a salada. Antes, eu faço uma cerimônia que se repete aqui há quase mil anos."

Fiquei curiosa e, com prazer, me juntei aos outros: uns preparavam a mesa, colocando talheres, as taças do vinho, arrumando as velas e os pratos. Outros picavam legumes para a salada. Lino botava água para ferver e preparava cadeiras no altar. Em meio a isso tudo, preenchíamos, a pedido dele, uma ficha de identificação e ainda fazíamos fotografias do grupo. Éramos 13 pessoas, contando com o Lino; duas austríacas, Christina, uma carinhosa alemã e seu novo *affair* do caminho; Luís, um madrilenho, e seu amigo chileno Carlos; Beatriz e Miguel, um casal que já nos acompanhava desde Estella; Raul e Rafael, também espanhóis, além de Márcia e eu.

Tudo arrumado, Lino nos chamou para sentarmos nas cadeiras do altar. Explicou que faria um ritual iniciado no século XVIII, quando o lugar recebia cerca de 2 mil peregrinos. E completou que ele repetia todos os dias esse ritual para que os peregrinos descansassem verdadeiramente. Perguntou sobre nossa procedência e pediu a Christina para ler em alemão um texto. Depois, perguntou se todos os outros entendiam a língua espanhola e leu, ele mesmo:

> *Los hombres llevan una nostalgia profunda en si. Ellos desean encontrar su patria verdadera, están buscándola, pero en ninguna parte saben encontrarla.*
>
> *Todo pasa, todo se mueve, todo se cambia, el hombre viaja por su vida siempre en busca de la verdad, de la paz, pero no las puede encontrar, hasta que no sabe que sentido tiene su vida y a donde su corazón lo lleva. La nostalgia no cumplida es una profunda experiencia, uno se siente perdido! El peregrinaje empieza con este reconocimiento: paso a paso el peregrino verá más.*

Depois disso, repetiu a famosa cerimônia do Lava-pés, da tradição católica, e nos benzeu, um a um, fazendo a oração: "Em nome de Cristo, te acolhemos no *Hospital de San Nicolás,* para que o descanso te conforte, e que continue o Caminho de Santiago". Fomos todos tocados pela emoção de vivenciar Lino lavar nossos pés com tanta humildade, bom humor e disposição. Com uma felicidade transbordante, ele nos fez imaginar o quão penosa era a tarefa dos frades do século XVIII, quando os peregrinos não tinham todas as tecnologias dos modernos calçados e eram em muito maior número. "Os peregrinos daquele tempo deveriam ter muito chulé", falou ele.

Depois, nos convidou a sentar à mesa e a comer. Servíamos a nós mesmos a salada, o pão e vinho. Lino servia com prazer o prato quente: uma pasta com *funghi* e parmesão. Emocionada, comentei com Luís, que sentara a meu lado, a força daquele simbolismo e a coincidência de estarmos em 13 pessoas, número mágico da última ceia de Cristo.

Quando terminamos o jantar, Lino nos impediu de ajudá-lo a lavar os pratos. Disse que já o havíamos ajudado muito e estava muito feliz. Podíamos dormir, já sabendo que, no dia seguinte, só poderíamos partir depois de tomar juntos o café da manhã, não antes das sete. Lá fora, a noite escurecia tudo e, sob a luz das velas, só nos restava deitar e descansar.

Fui deitar um pouco alterada pelo vinho. Pensava no que teria feito para merecer estar ali e sentir tamanha gratidão. Olhava em volta e, no lusco-fusco da única vela acesa, via que tudo era muito simples, no entanto, imensamente acolhedor. Sabia que também as outras pessoas estavam envoltas no mesmo encantamento que eu, e esse compartilhar me deixava ainda mais feliz. E se tudo fosse um sonho do qual eu acordaria no dia seguinte? Quem estaria dormindo ao meu lado? Percebi que um já roncava na cama de cima do beliche, mas acabei dormindo sem os protetores de ouvido.

12 de junho – dia 14

Itero del Castillo – Carrión de los Condes – 33,10 km – nove horas de caminhada

Realmente eu não estava sonhando. Era tudo real e os primeiros raios do sol já entravam pela fresta da porta, assim como o ruído surdo de Lino, arrumando a mesa para o café. Percebi minha boca seca. Ao levantar, me vieram as palavras do Lino, na celebração da véspera: "os homens carregam uma nostalgia profunda dentro de si... tudo se move, tudo se transforma". Todos nós teríamos que prosseguir o nosso caminho, como o fluxo do rio, como o renovar da natureza. Essa é uma das máximas do pensamento budista!

Acordei imersa numa sensação mista de liberdade e felicidade. Mais uma vez, sentar com aqueles amigos, aqueles desconhecidos com quem compartilhamos momentos de tanta emoção. Depois, seguir em frente e talvez nunca mais nos encontrarmos. É assim o dia-a-dia do Caminho de Santiago: uma rotina, um pouco maçante; uma sobrecarga física, misto de satisfação e sacrifício, alguma monotonia; momentos de imenso prazer e compartilhamento, outros de solidão. Tudo impermanente, volátil, fluido.

Depois do café da manhã, por volta de oito, saímos da *Ermita de San Nicolás*, deixando para trás a província de Burgos. Márcia e eu, acompanhadas por Luís, o madrilenho e seu amigo chileno, Carlos, seguimos por uma trilha de terra batida na província de Palencia: paisagem plana, cultivada.

Fomos conversando sobre as surpresas daquele refúgio. Minha cabeça doía um pouco. Dei-me conta que excedi no vinho! Luís encaminhou a conversa para a área da literatura espanhola e brasileira. Falava mais que eu, com grande entusiasmo e desenvoltura. Citou particularmente escritores que tratam de questões místicas e existenciais: Valle Inclan, Unamuno, Miguel Delibes, Manuel Vicenti, Rosalia de Castro, a maior poetisa galega, e Giocanda Belli, uma poetisa nicaragüense da modernidade. Citou D. Hélder Câmara, a quem nomeou de "o bispo vermelho". Destaquei, entre outros, Guimarães Rosa e sua importância literária ao narrar as mazelas do sertão mineiro como parte do mundo.

Passamos por Boadilla del Camino sem visitar a *Iglesia Parroquial de la Asunción*, importante igreja do século XVI, que conserva uma bela pia batismal do século XII, decorada com motivos geométricos, luas crescentes e estrelas, simbolizando a iluminação do ato batismal. Do lado de fora, atrás dessa igreja, pudemos admirar a coluna gótica denominada *Rollo Jurisdiccional*. Com motivos *jacobeos*, essa coluna de pedra era o símbolo do poder judiciário. Ali eram julgados e, se condenados, amarrados os réus.

À frente uns cinco quilômetros, passamos pelo *Canal de Castilla*, importante obra da engenharia do século XVIII, que serviu para irrigação, moagem e transporte de grãos. Logo, já estávamos em Fromista.

Fromista está assentada numa região anteriormente habitada pelos celtas, depois transformada em vila romana. O nome se deve à abundância da produção do trigo: *frumesta* + *frumentum*, palavras que em latim significam cereal. Teve uma grande importância no período visigótico. Foi arrasada depois da invasão muçulmana do século VIII e, posteriormente, repovoada no século X. Em 1066, foi construído ali, a mando de Doña María, viúva de Sancho III de Navarra (a mesma que mandou construir a ponte de Puente la Reina), um monastério beneditino com um hospital anexo, conforme seu próprio testemunho "por amor de Deus e a seus santos e pela remissão dos meus pecados". Hoje, desta obra resta somente a *Iglesia de San Martin*, um dos mais importantes e belos exemplos da arquitetura românica peninsular.

Fizemos duas pequenas paradas: em uma farmácia, compramos vick vaporub e esparadrapo cirúrgico para aliviar o atrito dos dedos e impedir o surgimento de novas bolhas. Em um pequeno bar, usamos o banheiro e compramos água. Seguimos pela *carretera* até Población de Campos. Numa placa, vimos a indicação de quilometragem: Carrión de los Condes 18, Santiago 475. Dali seguimos por uma trilha plana e empedrada entre hortas cultivadas. Bastante cansadas, paramos por uns cinqüenta minutos num parquinho de criança no vilarejo de Villovieco. Ali fizemos alongamentos, comemos o que tínhamos na mochila, tomamos água de uma fonte e tiramos um breve cochilo.

Forças repostas, seguimos mais uns 12 quilômetros de planície cultivada sob céu nublado e temperatura mais fria, mas sem chuvas. Nossos pés resistiam bem. Vez ou outra passávamos por alguma igreja ou ermita remanescentes da Idade Média.

Por volta de cinco da tarde, chegamos ao simples, porém amplo albergue de Carrión de los Condes. Encontramos Alan, o francês de aproximadamente 60 anos cujas bolhas eu havia tratado em San Juan de Ortega. Ele estava com a perna direita enfaixada por causa de tendinites. Contou que havia feito uns dois trechos de táxi e devia fazer isso por mais uns dois dias até poder novamente caminhar.

Carrión de los Condes foi uma das primeiras capitais do reino de *Castilla*. Devido a sua importância comercial e política, foi disputada por leoneses e castelhanos durante o reinado de Alfonso VII. Com uma população de mais de 10 mil habitantes, chegou a contar com dezenas de paróquias, cinco conventos e vários hospitais, construídos para hospedagem de peregrinos. Logo na entrada da cidade, está o *Convento de Santa Clara*, fundado em 1255. Segundo contam, ali se hospedou o peregrino Francisco de Assis.

Tomamos o banho frio e saímos para procurar um restaurante onde pudéssemos comer o tradicional *menú del peregrino*: salada , trutas com batatas, pão, vinho e sorvete. Na volta do jantar, passamos num supermercado. Comprei milho frito, salgado, que sempre carregava no bolso para comer ao sentir fome ou necessidade de sal no organismo. Essa dica me foi dada por um preparador físico, quando lhe disse que tenho tendência a pressão baixa.

Antes de voltarmos ao albergue, paramos num bar para um café rápido e sentir um pouco o ambiente da cidade. O bar na Espanha é o lugar onde as pessoas (predominantemente homens, como no Brasil) freqüentam para tomar café, ler jornais, assistir a futebol – também paixão entre eles – ou ver alguma outra coisa na TV. Ali encontrei o jornal *El pais* que noticiava a saída do técnico Leão da Seleção Brasileira e a desistência de Guga em disputar o torneio de Wimbledon, na Inglaterra. A grade de programação do canal 2 da TV Espanhola anunciava para as dez e meia da noite um documentário sobre os sem-terra do Brasil.

Um pouco depois de dez, voltamos para o albergue e quase não entramos. Ali os horários são rígidos: todos precisam descansar, inclusive os voluntários hospitaleiros que nos servem e ajudam tanto e com tanta boa vontade.

13 de junho – dia 15

Carrión de los Condes – Sahagún – 37,5 km – dez horas e dez minutos de caminhada

Saímos de Carrión às seis horas da manhã. Fazia frio. A lua minguante estava quadrada no céu. A algazarra dos pássaros anunciava o amanhecer. A saída de Carrión de los Condes estava mal sinalizada confundindo os peregrinos. Depois de hesitarmos um pouco, optamos por seguir a *carretera*

N-120, embora o guia definisse como melhor caminho uma outra via passando pelo povoado de Villotilla e pelas ruínas da *Abadia de Santa María de Benevívere*, fundada em 1065.

No primeiro trecho, até Calzadilla de la Cueza, a paisagem era árida e plana, mas imensamente florida por papoulas vermelhas e margaridas amarelas e brancas. Andamos quase 17 quilômetros, às margens da estrada, praticamente sozinhas. Encontramos um ou outro peregrino que marchava solitário. Não havia sequer uma fonte onde pudéssemos abastecer nossos cantis, nem um bar onde comer alguma coisa. Evelyn já nos havia prevenido que devíamos levar alguma provisão extra para esse trecho.

O calor tomou conta do dia. Com habilidades dos contorcionistas de circo, consegui tirar o agasalho sem tirar a mochila das costas e sem parar de andar. Meu corpo mostrava sinais de maior cansaço. Sentia as pernas um pouco fracas, talvez pelo esforço da véspera, o pouco tempo de descanso. Apesar disso, sem dores, mantinha o passo firme.

Finalmente chegamos a Calzadilla de la Cueza – povoado onde paramos um pouco para comer e descansar. Seguimos por uma trilha plana e sem sombras, quase reta, que margeava a *carretera* em obras, velozmente cortada por gigantescos caminhões. O asfalto sempre presente tornou mais exaustivo o percurso. As áreas de plantações se apresentavam limpas e tratadas. Causou-nos estranheza o fato de nunca vermos pessoas nas lavouras, apenas imensos rolos de fenos protegidos com plásticos ou grandes áreas aradas.

Uma grande placa de cimento na beira da trilha indicava o povoado de Lédigos e a existência da *Iglesia de Santiago* do século XVI que víamos ao longe. Não paramos, desafiando nossa resistência física. O calor aumentava e tudo o que queríamos era chegar a Sahagún. Márcia precisava levar sua bota num sapateiro e queríamos também conectar a internet.

Chegamos exaustas! Já estávamos na província de León, a quinta das sete províncias que atravessaríamos em todo o percurso do Caminho de Santiago. No trajeto para o albergue, passamos por baixo de barreiras de madeira numerada por toda a cidade. O albergue está esplendidamente instalado na antiga *Iglesia de la Trinidad*, construção do século XVI, em estilo neoclássico, hoje adaptado. Dentro da antiga estrutura de alvenaria da igreja, as modernas instalações de madeira dividem o ambiente: de um lado, funciona o albergue para peregrinos com administração municipal; de outro, um grande salão para concertos musicais denominado *Auditorio Carmelo Gómez.*

No albergue, demos de cara com um grande número de crianças, saindo uniformizadas, com instrumentos musicais: 13 de junho, dia de Santo Antônio. Também se encerravam, naquele dia, as festas do padroeiro da cidade – *San Juan de Sahagún*, com tradicionais corridas de touros. Por isso, as ruas estavam cercadas com proteção de madeira. Como era um dia de festa, havia um enorme entra-e-sai de pessoas estranhas aos nossos já acostumados rituais peregrinos. Também por causa do grande fluxo de pessoas o gás havia acabado. Isso significava banho gelado ou, na melhor das hipóteses, banho frio.

Fizemos os cadastros, deixamos as mochilas, colocamos as botas ao sol. No grande salão superior, onde estavam acomodadas as camas, avisos aos hóspedes: *Se ruega silencio durante los conciertos de música*, impressos em computador e acrescidos a tinta por peregrinos: "Proibido roncar."

Exaustas e famintas, saímos para comprar alguma coisa. Todo o comércio estava fechado, mas achamos bem perto do albergue uma única *tienda* aberta: compramos provisões também para o dia seguinte e descobrimos um bar onde poderíamos conectar a internet. Quanto ao sapateiro, Márcia teria que procurar em outra cidade.

Voltamos ao albergue, lavei meias e a blusa do dia. Caí na cama e apaguei. Dormi por quase uma hora, até ter força e coragem para encarar o banho. Restabelecida, preparei a comida: sopa de pacote, pêra, ameixas ao natural e uma barra de chocolate.

Durante a refeição, ouvimos uma barulhada lá fora: era a corrida de touros que começava. Comendo o chocolate, saímos rápido para a rua e nos penduramos naquelas muralhas de proteção.

Antes de soltarem os touros, passam desfilando vários grupos de pessoas uniformizadas, levando para a *Plaza de Toros* as charangas e outros instrumentos de percussão, além de muitas bandejas de *bocadillos* e *botellas de bebidas.* Vinham, depois, os touros enfurecidos (na verdade, ainda novilhos). Em disparada eram conduzidos à arena da cidade. Corria gente para todo lado.

Seguimos a multidão. Na arena, o clímax da festa. Um a um, os touros eram soltos e provocados por vários toureiros até a exaustão, quando, então, eram pegos pelo rabo, dominados e substituídos. Enquanto se dava o massacre do animal, a platéia entrava em delírio, aplaudia os melhores lances e gritava o tradicional *OLÉ*. As charangas alternavam suas marchinhas, enquanto as pessoas comiam e bebiam sem parar.

Ficamos, ali, por pura curiosidade, indignadas com as cenas, mas cientes de que aquilo fazia parte de costumes tradicionais em toda a Espanha. Remetiam ao Mito de Teseu e ao sacrifício do Minotauro, remanescente de culturas pagãs, da Grécia antiga, e, incorporado à iconografia cristã, representa um caminho de penitência pelo labirinto.

Fomos depois ao bar operar a máquina que dava acesso à internet. Saímos meio frustradas com as mensagens deixadas por nossos queridos: esperávamos palavras mais doces daqueles que estavam tão longe e queríamos mais perto, mas não.

De volta ao albergue, refletindo sobre as mensagens recebidas, eu perguntava por que tinha "inventado" aquele caminho de penitências, sofrimento e dor. Haveria alguma recompensa? O que eu buscava afinal? Às vezes tinha respostas prontas, que rapidamente evaporavam, fazendo-me voltar às mesmas perguntas sem respostas. O que aconteceria depois? Eu tinha os pés doloridos, tendões que pediam trégua, duas bolhas que incomodavam muito e uma outra supostamente sob controle. A única certeza naquele momento era de que queria continuar a caminhar. Sabia que as recompensas viriam dos pequenos atos alheios, das pequenas surpresas do próprio caminho. Entendia que de nada valeria criar expectativas, programar acontecimentos. Amanhã seria um outro dia. Um dia inteiro de marcha pela frente.

14 de junho – dia 16

Sahagún – Reliegos – 30,7 km – oito horas e vinte minutos de caminhada

A cama boa e o lugar silencioso nos permitiram um descanso integral naquele albergue/auditório. Acordei de um sonho confuso em que eu estava no Brasil, mas tinha deixado coisas e amigos pela Espanha. Pulei do beliche meio cambaleante. Márcia já estava de pé. Pegamos as mochilas encostadas ao pé da cama e, silenciosamente, fomos nos aprontar no espaço reservado para refeições. Comemos alguma coisa, fizemos um pouco de alongamento. Passei um creme nas pernas e preparei os pés: àquela altura era fundamental para prosseguir caminhando. Já tinha bolhas nos dois pés, sempre entre os dedos.

Às seis da manhã, já estávamos de saída da cidade, atravessando a bela *Puente de Canto*, obra construída em 1085 a mando de Alfonso VI sobre o rio Cea.

O dia amanhecia limpo e o sol anunciava bom tempo: um forte calor, um céu sem nuvens. Seguimos novamente à beira da *carretera* N-120 até o povoado de Calzada del Coto, onde, numa bifurcação, optamos por continuar no real *camino francés*. Esse trecho, de terra batida, foi traçado exclusivamente para os peregrinos por iniciativa do *Consejeria de Agricultura de la Junta de Castilla y León* e se prolonga por 32 quilômetros até Mansillas de las Mullas. Em toda essa infinita trilha plana e monótona, sem flores, pássaros ou plantação de cereais, encontramos bancos de cimento com áreas para descanso nada acolhedoras. As árvores, plantadas ali em 1991, ainda estavam muito pequenas e eram incapazes de nos fornecer qualquer proteção ou sombra. Sob aquela aridez extrema, tínhamos que continuar caminhando, sempre em frente, parando o mínimo possível para mais rapidamente sairmos daquela tormenta.

Márcia e eu falávamos de nossas famílias, relembrávamos histórias passadas, a forma como fomos criadas. Eu contava minha deliciosa infância na casa da minha avó materna, entre tios e tios-avós. Relembrava as velhas histórias contadas, os casos em colégios internos, coisas da velha fazenda da família, onde somente o sal era comprado porque era a única coisa que não se produzia. Minha tia-avó e madrinha, a Lete, que morreu aos 95 anos e perfeitamente lúcida, fazia todos os quitutes da casa no fogão à lenha: bolos, biscoitos, doces das frutas colhidas no quintal do velho casarão onde cresci. Naquele tempo, meu maior problema era pedir a minha avó ajuda nas tarefas da escola. Ela me explicava com tanto detalhe que me deixava impaciente. Que tempo bom!

Por volta de dez da manhã, já estávamos no pequeno povoado de El Burgo Ranero, cortado por uma só rua denominada "*camino francês*". Para nossa surpresa, estávamos andando numa média de quatro quilômetros e meio por hora! Paramos um pouco para comer, descansar e arejar os pés. Planejávamos talvez nos acomodar por ali. Porque era cedo e por encontrarmos moradores pouco receptivos, resolvemos seguir.

Encontramos poucos peregrinos nesse trajeto. Juan, o espanhol que curou meus pés na entrada de Los Arcos, passou por nós. Perguntou como estávamos e se eu já havia superado aquela bolha. Era a segunda vez que o víamos, apesar de estarmos andando no mesmo ritmo.

Seguimos firmes em direção a Mansilla de las Mulas sob a mesma paisagem árida. Ao chegarmos a Reliegos, após oito horas e quinze minutos de caminhada, soubemos que o albergue de Mansillas não tinha vagas. Agradecemos por isso: exausta, e com dores nas pernas, eu não tinha condições de caminhar por mais uma légua. Tratamos então de procurar acomodação.

A paisagem dali era bastante diferente do que já havíamos visto. A arquitetura também. Reparei que algumas casas tinham paredes feitas de barro misturado com algum vegetal prensado, feno talvez, e com janelas minúsculas, como as nossas casas rurais de pau-a-pique. O acabamento externo parecia papel *marché*. Além dessas, algumas construções me chamaram mais ainda a atenção: portas encravadas em barrancos, sem janelas ou qualquer outra abertura, a não ser as pequenas chaminés. Fui informada de que aquelas estranhas construções eram antigas bodegas, depósitos de vinhos que amadureciam ao abrigo da luz e do calor. Hoje eram usados apenas para reuniões festivas, onde as pessoas iam para beber.

Reliegos não chega a ser uma cidade: é um lugarejo pequeno com albergue, uma igreja, um bar na pracinha e um "micro-supermercado" que abre com exclusividade aos peregrinos necessitados. Não foi difícil encontrarmos o albergue, que nos esperava de portas abertas com um cartaz:

> *La puerta se abre a todos, enfermos y sanos. No solo a católicos sino aún a paganos, a judios herejes, ociosos y vanos, y más brevemente a buenos y profanos* (s. XIII)

Cumprimos então a mesma rotina peregrina diária: tivemos as credenciais carimbadas por dois simpáticos hospitaleiros, subimos aos quartos, tiramos as botas, tomamos banho, lavamos roupa e as colocamos para secar num varal portátil na porta da rua. Só depois saímos para comprar alguma coisa.

De volta ao refúgio, encontramos Juliana e Américo, brasileiros de Santa Catarina que já havíamos encontrado em algum outro lugar. Juntamos nossas compras e preparamos um jantar de luxo: salada com cenouras, tomates, cebola, alface; uma sopa de vegetais com lentilhas, regada com um bom vinho e acompanhada do tradicional pão. Conosco comeu também Peter, um belga de 38 anos que vinha com um cajado torto e um chapéu de palhas a nossa frente, e Jacques, um bretão.

Enquanto arrumávamos a louça, trocávamos informações. Américo é médico e nos disse conseguir andar uma média de 40 quilômetros por dia. Já é cinqüentão, mas aparenta bem menos. Juliana é mais nova e disse caminhar longos trechos, usando havaianas. Acho que não acreditei.

Deitei um pouco para descansar. Já tinha sono. Os quartos eram amplos e as camas de mola faziam muito barulho. Queria escrever algum cartão postal, mas não havia decidido a quem enviá-lo. Sentia falta de privacidade e de um pouco de isolamento; a rapidez dos acontecimentos não me permitia uma reflexão mais profunda: o tal encontro comigo mesma.

Com alguns folhetos informativos da região, aproveitei a luz da tarde para fazer cálculos para os próximos dias. Enquanto lia os folhetos, escutei Jacques falando que, no próximo 21, teríamos todos que dançar em volta de uma fogueira para aumentar nossas energias. Era uma referência ao calendário Wicca: dia 21 de junho, dia do solstício de verão no hemisfério norte. Dia de reverenciar mais uma etapa da interminável espiral do tempo.

15 de junho – dia 17

Reliegos – León – 24,3 km – cinco horas e cinqüenta minutos de caminhada

Quando saímos do albergue, o céu estava muito nublado, ainda escuro e fazia frio. Parecia que ia chover, para nosso desespero. Embora Reliego seja uma cidade pequena, foi difícil acharmos a saída e as setas que indicavam a continuação do caminho. Demoramos quase vinte minutos naquele verdadeiro labirinto. Ali, outra vez, passamos por Peter, o belga, que nos despertava certa curiosidade, mas com quem pouco falávamos.

Naquele dia, eu me sentia estranha, sem saber o que incomodava. Percebi também que Márcia estava diferente. Nas primeiras horas, precisamente até Mansilla de las Mulas, uma légua e meia à frente, não trocamos palavra. A paisagem seguia linear, plana e monótona, sem árvores. Era momento de introspecção para ambas.

Em Mansilla de las Mulas, vimos logo, na entrada da cidade, uma praça com uma escultura moderna homenageando os peregrinos do Caminho de Santiago. Ao fotografar, percebi que minha câmara estava aberta e possivelmente eu perdera algumas fotografias. Atravessamos a cidade, acompanhando as antigas muralhas medievais. No trajeto, dentro da cidade, estava o albergue onde, além de improvisar uma câmara escura para verificar o tamanho do dano ocorrido, aproveitei para usar o banheiro.

Prosseguimos marchando ao lado da estrada em uma velocidade média de cinco quilômetros por hora. Em Villamoros de Mansilla, paramos para comer e, outra vez, nos deparamos com as austríacas que nunca se relacionavam com os demais peregrinos. Encontramos também o divertido Edvaldo, um brasileiro de Criciúma, que seguiu conosco, contando suas façanhas e falando de suas dores.

Eu tinha uma ansiedade quase inexplicável para chegar a León, talvez porque essa capital da província pudesse oferecer novidades. Estava cansada de caminhar. A paisagem monótona ao lado do trânsito intenso de caminhões da *carretera* N-120 causava um certo enfado. Minha surpresa foi quando, já próxima da cidade, em um canteiro de obras de manutenção da rodovia, me deparei com cartazes da firma responsável. A marca trazia exatamente o meu nome: SENRA, e a cidade sede Pontevedra, a terra do meu bisavô.

Na entrada de León, passamos por um vendedor de cerejas de beira de estrada. Comprei um saco grande e as dividi com os demais. As cerejas me remetiam sempre a outras histórias... Acho que podiam estar ligadas a alguma outra encarnação que tive. Como as pitangas da minha infância, as cerejas traziam uma deliciosa lembrança. Desculpem, leitores, se divago aqui, mas as cerejas, ou a idéia das cerejas, me tiram do sério.

Chegamos, Márcia, Edvaldo e eu, a León a tempo de conseguir as três últimas camas disponíveis no albergue do *Monasterio de Santa María*, administrado por monjas beneditinas. Deixamos nossas mochilas e saímos rápido antes que todo o comércio fechasse para a tradicional *siesta*. Ventava forte e fazia frio. Parei numa loja de artigos militares e comprei um poncho. Tivemos sorte de ainda não enfrentar chuva nos 17 dias de caminhada. Em uma lanchonete, comemos *croissants* de chocolate e caramelos.

A cidade de León surgiu a partir de uma guarnição militar no ano de 69 da era cristã. Foi palco de invasões germânicas, muçulmanas e árabes. Transformada em capital dos reinos de Astúrias e León em 914-915 por Ordoño II, continuou sendo devassada e repovoada sucessivamente. Nos séculos X e XI, tornou-se a principal capital da Espanha cristã. Atualmente é uma cidade alegre, repleta de jovens e estudantes universitários.

Continuamos andando pelas ruas estreitas e movimentadas de León: paramos num *locutório telefónico*, onde encontramos cabines e terminais de acesso à internet. A falta de mensagens em meu correio eletrônico me deixou um pouco preocupada. Tive um pressentimento não muito bom, mas logo o afastei, pedindo aos deuses que trouxesse tranqüilidade e clareza aos corações envolvidos.

O vento cessou, e o céu começou a mostrar seu azul. Visitamos pontos históricos: a *Real Basílica de San Isidoro*, consagrada em 1063, é uma preciosa obra da arquitetura do estilo românico. Seu museu guarda, além de ricas peças sacras pertencentes a famosos monarcas, uma incrível coleção de manuscritos: a Bíblia visigótico-moçárabe, do ano 960, ricamente ilustrada, fez-me relembrar as aulas da professora Sônia de Conti sobre história dos livros, no meu curso de biblioteconomia! Saí dali deslumbrada!

A seguir, percebi que as marcas do Caminho de Santiago dentro da cidade de León eram especiais: conchas de bronze sobre o solo de granito levavam à *Catedral de Santa María de La Regla*. Construída entre os séculos XII e XIV, a belíssima obra espanhola mostra, em seus vitrais e em sua rosácea frontal, a inspiração no gótico francês. Infelizmente, àquela hora, a catedral já estava fechada à visitação.

Na praça encontramos Win, um peregrino holandês que, mesmo sem falar português, convidou-me a gravar poemas de Fernando Pessoa se e quando eu fosse à Holanda. Em troca, ele se ofereceria como guia em seu país natal. Prometi fazer a gravação, com muito gosto, porque Fernando Pessoa é um dos meus poetas favoritos. Win me disse que, durante o caminho, em vez de pensar nos excessos que carregava na mochila ou na sua própria vida, refletia sobre coisas e pessoas que a ele faziam falta. Quando chegasse, lutaria mais por seus desejos e iria se empenhar mais e melhor naquilo a que havia se proposto. Depois de nos despedir e separar, fiquei com suas palavras vagando na mente.

Em uma mesa de bar, Márcia e eu nos juntamos a outros peregrinos: o belga Peter e os franceses Jacques, Gerard e Herminie e um jovem muito tímido, cujo nome não guardei. Comemos camarões e peixes (*calamares y pescado*) acompanhados de bons vinhos e pães (*con pan y vino se hace el Camino*). Ficamos ali um bom tempo, conversando descontraidamente, rindo de situações cômicas, das nossas características pessoais e das diferenças culturais. Quase perdemos a hora de voltar para o albergue, que fechava às vinte e uma horas.

Lá fiquei sabendo, por meio de Américo e Juliana, que o senador Antônio Carlos Magalhães havia renunciado ao seu mandato, numa manobra estratégica para preservação da sua carreira política.

Antes de deitar, as monjas convidaram para mais uma bênção aos peregrinos. Ali, a monja superiora relembrou passagens bíblicas, a lenda de Santiago e questionou: por que estávamos fazendo o caminho? A quem estaríamos respondendo afinal? E, depois de chegar a Santiago de Compostela, onde não havia setas para seguir, qual seria nosso destino?

16 de junho – dia 18

León – Villadangos del Páramo – 21,4 km – quatro horas e meia de caminhada

A noite no albergue de León foi muito confusa. O quarto era abafado. Havia uns 40 beliches. A porta do banheiro era um abre-fecha só. Também a porta que dava para o refeitório não parava. Na madrugada, um ronco angustiante de um vizinho me despertou. Acordei de vez às cinco da manhã, cansada e com vontade de continuar dormindo. Percebi que já era hora! Sentia minhas costas doerem, talvez porque a mochila não tinha a mesma estabilidade da anterior. Fiz mais demoradamente os exercícios de alongamentos.

No refeitório, as freiras beneditinas ofereciam o café da manhã: leite, café, chocolate quente, queijo, pão e geléia. O espaço era pequeno e tínhamos que esperar nossa vez. O portão de saída só se abria às seis e meia. Àquela hora, pouco se falava, preservando a tranqüilidade dos que ainda queriam dormir.

León é uma cidade encantadora, cheia de jovens e ruelas estreitas. Mais uma vez foi difícil encontrar as conchas indicando a direção a seguir. Os termômetros da cidade marcavam onze graus centígrados, e o vento constante aumentava a sensação de frio. Eu sentia uma enorme vontade de ficar por ali mais alguns dias, para desfrutar dos encantos e me embeber da história e cultura existentes. Prometi a mim mesma voltar outra vez a León.

Com a ajuda de rapazes que saíam dos *pubs* e casas noturnas, achamos as conchas, depois as setas e a saída da cidade. O caminho seguia novamente a *carretera*. Meus olhos estavam inchados e ardiam. Sentia a visão turva sem nitidez; a sensação de miopia me atordoava. O vento, companhia constante daquele dia, incomodava ainda mais. Prossegui caminhando com os olhos semicerrados, com piscadelas mais longas, sem me deter na paisagem árida, fria e seca, embora o céu estivesse limpo e claro naquelas primeiras horas do dia.

Em silêncio, lembrava-me de alguns versos de Fernando Pessoa e da promessa de gravá-los para o holandês, amante da língua portuguesa.

> Trago dentro do meu coração,
> como num cofre que não se pode fechar de cheio,
> todos os lugares onde estive,
> todos os portos a que cheguei,
> todas as paisagens que vi
> através de janelas ou vigias, ou de tombadilhos,
> sonhando.
> E tudo isso, que é tanto, é pouco para o que eu quero.

(*Passagem das Horas*)

No povoado de Valverde de la Virgen, fotografei a torre da igreja que, como tantas do caminho, tem ninhos de cegonhas.

Eram quase onze horas quando nos deparamos com o albergue de Villadangos del Páramo. Embora fosse cedo, resolvemos parar por ali mesmo. Meu corpo pedia uma trégua, as pernas reclamavam do excesso de movimentos repetitivos, as costas protestavam pelo peso da mochila e os olhos ardiam.

O refúgio era uma casa moderna. Não havia ninguém para nos receber. No quadro de avisos, alguns recados recentes recomendavam comer num restaurante chamado *Bodega*. Havia até um pequeno mapa indicando a localização do lugar. Em cada um dos vários quartos, dois beliches. Instalamo-nos em um deles e nos apressamos em lavar as roupas e tomar banho. Havia água quente, para nossa surpresa! Logo depois chegou a mulher encarregada da limpeza: dona Rosário foi amável e nos mostrou os utensílios da cozinha.

Outros peregrinos também pararam por ali. Edvaldo, o "barriga verde", chegou reclamando do tornozelo inchado e de algumas bolhas na sola do pé. Queria continuar, mas o bom senso recomendava um pouco mais de descanso. Nossa média de quilometragem havia aumentado bastante, ele nos disse.

Na cozinha, preparei um chá de camomila e fiz uma compressa para os olhos. Deitada, fiquei pensando na tão falada questão espiritual do Caminho de Santiago, e, em seu contraponto, o corpo machucado pela caminhada.

Acabei dormindo um pouco e fui acordada por Evaldo, que chamava animado para jantarmos na Bodega. Levantei rápido, aprontei-me, lavando o rosto. Na saída, chamei Peter, que também havia parado ali e escrevia alguma coisa no livro de registro do albergue.

O tempo se mantinha frio e estava nublado. Villadangos del Páramo me pareceu ser um povoado sem maiores atrativos. Historicamente foi cenário de grandes batalhas no século XI. Pudemos ver o santo como um "mata-mouro", realçando o caráter guerreiro sobre o do apóstolo, na Igreja de Santiago.

A *Bodega* ficava bem perto do refúgio. É uma casa familiar, de arquitetura como as já encontradas em Reliegos, dentro da montanha (da terra?). Havia dois salões decorados como tabernas medievais, um ambiente bem romântico onde é servido um caprichado menu típico. Em outro ambiente, pudemos ver as tinas de carvalho para conservação e maturação do vinho, justificando o nome do estabelecimento.

De volta ao albergue, nos preparamos para dormir. Márcia e eu ocupamos um quarto. Havia poucos peregrinos ali e pudemos espalhar nossas coisas, o que consideramos um luxo.

Fui dormir sob efeito do vinho, com pensamentos contraditórios e desconexos. Mesmo assim, projetava boas energias para os, aproximadamente, dez dias de caminhada, a despeito da insegurança acerca dos benefícios que o caminho traria.

17 de junho – dia 19

Villadangos del Páramo – Astorga – 26 km – sete horas de caminhada

Acordei descansada. Lanchamos e saímos às seis e meia sob uma névoa seca, um pouco de frio, mas sem a ventania da véspera. A trilha seguia paralela à *carretera*, atravessando terrenos planos, irrigados para cultivos de trigo, milho e batata. Peter caminhava perto de nós; alternávamos com ele a dianteira. Percebíamos que estávamos imprimindo um ritmo mais forte, atingindo uma média de quase cinco quilômetros por hora.

Como todo início de manhã, Márcia e eu pouco falávamos. Guardávamos essas primeiras horas para nós mesmas. Eu pensava que já faltava pouco para a chegada a Santiago. Minhas costas estavam bem, os pés resistiam (apesar de algumas bolhas inevitáveis). Minha visão também havia melhorado. Mesmo assim, eu piscava mais para lubrificar os olhos daquela aridez que se mostrava menos intensa.

Atravessamos a famosa *Puente de Órbigo*, sobre o rio do mesmo nome. Uma das mais famosas do Caminho de Santiago, por sua arquitetura e história. A ponte romana foi cenário de violenta batalha entre suevos e visigodos em 452 e entre as tropas de Alfonso III e árabes no ano de 900.

No trajeto até a Astorga, nossa meta do dia, passamos por várias pequenas cidades. Em Hospital de Órbigo, logo depois da ponte, passamos no refúgio de peregrinos somente para usar o banheiro e carimbar nossas credenciais. Fomos muito bem recebidas pelo hospitaleiro, que nos convidou a pernoitar ali. Continuamos seguindo uma trilha entre plantações de milho e fazendas de gado por mais 17 quilômetros.

Quando passamos por Santibánez, um povoado rural, ouvimos o dobrar dos sinos de todas as igrejas. Alheias aos toques dos sinos, vacas eram calmamente conduzidas ao curral para a ordenha dentro da cidade. Somente no próximo povoado, San Justo de la Veja, oito quilômetros adiante, demos conta do que estava ocorrendo: uma procissão saía de uma igreja moderna reconstruída a partir de uma fachada medieval. Além de ser domingo, era a comemoração de *Corpus Christi*, uma das maiores datas do calendário católico. Parte da população local comemora a data com toda a pompa. No lugarejo, famílias inteiras vestiam os melhores sapatos e roupas.

Depois de uma subida e um pouco mais de uma hora de caminhada, chegamos a Astorga, atravessando uma outra ponte romana e as muralhas da cidade. Ao longe, pudemos ver montanhas com manchas brancas. Fomos informados de que se tratava de neve e estranhamos: era quase verão e ainda pudemos ver neve no topo das montanhas.

Astorga (antiga *Asturica Augusta*) é uma metrópole de grande riqueza histórica. Embora fosse domingo, tinha um aspecto vivo, com ruas cheias de pessoas em trajes elegantes. Considerada ponto estratégico no cruzamento de vias romanas (Via Traiana: Burdeos–Astorga e Via de la Plata: Mérida–Astorga), mantém sua importância como ponto de ligação entre relevantes pólos econômicos.

Ali encontramos marcas de épocas distintas: a muralha sueva, sobrevivente à destruição do rei visigodo Teodorico, no século VII; o *Museo Romano*, com peças procedentes de escavações arqueológicas na cidade; as cloacas romanas, redes sanitárias conservadas de forma a possibilitar sua utilização na estrutura urbana atual; a *Catedral de Santa María*, construída entre os séculos XV e XVIII, que reúne vários estilos arquitetônicos, do gótico ao barroco, além do *Palacio Episcopal*, obra neogótica iniciada pelo famoso arquiteto Antônio Gaudí em 1889 e terminada em1913 por Ricardo Garcia Guereta. Atualmente o palácio abriga o *Museo de los Caminos*, que reúne peças eclesiásticas das paróquias e dioceses austurianas. Existe uma seção especial dedicada a peças do Caminho de Santiago.

No albergue de Astorga, encontramos os já amigos franceses: Jacques, Gerard, Herminie. Tivemos a sorte de encontrar um quarto com seis beliches, onde pudemos ficar todos juntos. Peter também estava conosco, além de Luís, o espanhol amante da boa literatura, e seu amigo Carlos.

Tirei logo as botas, que incomodavam, escolhi minha cama, tomei um banho quente e saí com Márcia para comer alguma coisa. Quase todos os estabelecimentos estavam fechados, mas, depois de uma caminhada curta pela cidade, encontramos uma pizzaria. Enquanto esperávamos a pizza, falamos dos velhos amigos de Belo Horizonte, relembramos antigas histórias, velhos amores. Senti uma saudade forte do atual afeto. Tive vontade de telefonar, mas me contentei em apenas procurar algum contato via internet. Bem perto da pizzaria, encontramos uma loja de jogos eletrônicos que tinha uma máquina de acesso à rede, mas, tanto para mim quanto para Márcia, não havia nenhuma boa notícia. Restava-nos, então, continuar seguindo nossa própria estrela e as setas do caminho. A estrela, onde estaria?

Dali fomos a uma pequena mercearia comprar provisão para a etapa seguinte. Visitamos também alguns dos pontos turísticos e voltamos ao refúgio: o dia estava claro, ensolarado, mas fazia frio. Preferi descansar, resguardandome para atravessar as montanhas geladas que víamos da janela.

À noite, no albergue municipal de Astorga, foi servida uma sopa de alho depois da tradicional bênção aos peregrinos. Optei por não participar.

18 de junho – dia 20

Astorga – Manjarín – 23,5 km – nove horas e meia de caminhada

Acordei com a sensação de concretude da vida: a vida é concreta, o caminho é concreto. Passo a passo, cidades e vilas vão ficando para trás. O corpo dói, reclama, mas resiste, quer mais. De que serviria o sonho? Sonhar era preciso, e meu pensamento sustentava meus delírios, meus desejos, a minha fé. Minha direção era seguir rumo a oeste, onde sempre se põe o sol.

Levantamos um pouco mais tarde, sabendo que, dali em diante, não haveria mais terrenos planos e, sim, montanhas e vales. O dia amanheceu claro, e agradecíamos por isso. Seguramente teríamos uma paisagem mais agradável, embora mais dura.

A saída de Astorga estava bem sinalizada por placas e marcos, assim como toda a trilha, sempre íngreme, até Rabanal del Camino, distante dali 15 quilômetros.

O grupo de franceses pareceu ter-nos adotado. A cada parada, esperávamos os retardatários e compartilhávamos paisagem e lanches, solidários nas queixas do corpo ou dos desejos. Cada um deles (Gerard, Jacques, Herminie, além de Peter, também incorporado ao grupo) fazia o caminho sozinho, mas fomos ficando cada vez mais unidos depois do encontro em León.

No vilarejo de El Ganso, encontramos um outro tipo de arquitetura: casas de pedras, baixas e cobertas com palha, costume remanescente da préhistórica tradição celta. Depois de virar uma curva, deparamos com o inusitado *Bar Cowboy*, onde paramos rapidamente para abastecer os cantis, *sellar* as credenciais e responder às curiosidades do dono, que tinha especial apreço pelos brasileiros.

Seguimos atravessando áreas de pastoreios e currais separados com muros de pedras. Eram quase onze e meia quando chegamos a Rabanal del Camino, hoje um povoado pequeno que já teve seus áureos tempos na rota *jacobea*. Subimos mais uma légua em direção a Foncebadón, onde pensávamos poder nos alojar.

Surpresos, deparamos com um lugarejo fantasma, ruínas de casas de pedras num alto de montanha. Foncedadón me lembrou a cidade mística de São Tomé das Letras, no sul das Minas Gerais. Também ali senti uma forte energia, algo estranho. Entre as ruínas encontramos uma porta aberta, e não havia nenhum cão, como os tão falados e temidos por Shirley MacLaine e Baby do Brasil em seus respectivos livros.

Entramos na *Taberna Gaia*, um restaurante que funciona como nos tempos medievais: decoração, pratos, bebida, figurino dos atendentes. Naquele momento chegava um grupo de turistas alemães. A convite de Gerard e Jacques, eu e Márcia nos sentamos para beber vinho, comer alguma coisa e escutar histórias.

Enrique Notário, o dono do estabelecimento, serviu-nos cidra em canecas de cerâmica e uma bela salada. Ele faz palestras sobre o lugar e sobre o Caminho de Santiago e nos contou ter recebido, na semana anterior, a visita de Paulo Coelho, que fora ali fazer mais um documentário para a TV alemã.

Apesar de atarefado com o grupo que chegava para o almoço, Enrique conversou particularmente comigo por alguns minutos. Disse que, antes de o cristianismo criar o Caminho de Santiago, no século IX, a partir da lenda da descoberta do túmulo do apóstolo Tiago, aquele mesmo trajeto era trilhado desde o período neolítico. Os homens da Antigüidade, povos pagãos, identificando as forças naturais, mais intensas em alguns lugares, seguiam a Via Láctea, perseguindo "o caminho das estrelas", numa relação direta ao culto à Deusa-Mãe, à Deusa Gaia, à Terra. O atual caminho é algo muito mais especial do que parece.

Segundo Enrique, Foncebadón é o ponto de maior energia telúrica do planeta. Localizado no Monte Irago, a 1.450 metros de altitude, está repleto de fontes de água pura e é considerado sagrado pelos celtas, povo que vivia ali há mais de 4 mil anos. Lugar sagrado por dois motivos: primeiro, pela própria energia que os antigos eram capazes de perceber, porque viviam em contato direto com a natureza; segundo, porque Foncebadón etimologicamente significa "lugar de fontes". As fontes de água são manifestações de vida da Grande Deusa-Mãe e, por isso, consideradas mágicas por excelência. Em quase todas as culturas e tradições, rituais são feitos perto de fontes de água pura. Na mitologia ibérica, e em várias outras mitologias, a terra era chamada "Terra-Água". Água é símbolo da fertilidade e de toda a vida.

Maravilhada, entendi perfeitamente minha conexão com a energia e a magia do lugar. Enrique citou também a lendária Cruz de Ferro, que alcançaríamos logo em seguida. Erguida sobre um monte de pedras e presa no alto de um tronco de madeira de uns cinco metros de altura, a pequena cruz de ferro é o ponto máximo de altitude do caminho, a 1.504 metros. Um dos monumentos mais simples e mais emblemáticos no trajeto, representa a união entre o céu e a terra há muito. Os romanos chamavam o lugar de "Monte de Mercúrio", numa referência ao mensageiro dos deuses.

Quando passamos por ali, seguindo a tradição peregrina, jogamos uma pedra e fizemos nossos pedidos. Alguns deixaram oferendas. Eu sentia uma alegria imensa, em parte, pelo belo visual da paisagem – montanhas em degelo ao longe, muito verde e flores campestres – e, em parte, por me sentir conectada a algo de metafísico.

Mais dois quilômetros à frente e outra vez comecei a sentir uma energia mais intensa. Novamente entre ruínas e defronte a um velho cemitério, escutei um repicante som de sineta. Estávamos em Manjarín, para mim o segundo momento mais forte de toda peregrinação. (A recepção de Lino e sua cadela Luna em Itero del Castillo foi o primeiro momento mágico.)

Manjarín é uma cidade fantasma. A única moradia habitada é o refúgio aos peregrinos, uma pequena casa improvisada, de aspecto estranho, um tanto desordenada e nenhum conforto. Na área externa da casa, encontramos Tomás Martínez Paz, membro da Ordem dos Templários, hospitaleiro e guardião do lugar. Estava com alguns amigos comendo *paella*, prato tradicional espanhol. Nos ofereceu, dizendo que ali não havia onde comprar o que comer. Para os que quisessem ficar, ele serviria uma sopa à noite e pela manhã o *desayuno* antes da partida.

Mesmo que os outros amigos não quisessem ficar, ali eu permaneceria, completamente tomada por uma estranha sensação de fascínio e curiosidade.

Gerard entrou, rapidamente olhou e preferiu prosseguir. Jacques, Herminie, Peter, Márcia e eu resolvemos ficar. Tomás deixou-nos à vontade. Pediu que o esperássemos terminar de comer para, então, carimbar nossas credenciais e fazer os registros no seu livro.

A "decoração" do lugar era estranha: uma placa pedindo donativos para manutenção, muitos cajados, *botóns* e vieiras à venda, alguns recortes de jornais e revistas colados nas paredes, uma poesia do peregrino Manoel afixada, um quadro com o símbolo dos Templários, tudo muito bizarro. Havia também um quadro encostado sobre um balcão, atrás de duas espadas cerimoniais, que me chamou atenção: era uma imagem de uma mulher descalça com uma veste azul e um olhar sereno. Tomás, quando me viu reparando tudo, se aproximou e perguntou diretamente:

– *Por que veniste hasta aqui hacer el Camino de Santiago?*

Assustada com a pergunta, respondi que não tinha uma razão clara. Certamente não tinha sido pelo cumprimento de nenhuma promessa cristã nem induzida pelos livros do Paulo Coelho, mas por uma questão de cunho espiritual. Disse que sentia uma energia muito forte naquele lugar.

Em particular, Tomás disse que eu estava, ali, respondendo a um chamamento cósmico; e que, mesmo sem entender bem, era possível sentir a forte manifestação da Deusa naquele lugar. Decerto eu buscava alguma coisa e certamente seria recompensada.

Falou que o Brasil, por ser um país de grande espiritualidade e sincretismo cultural, será energética e espiritualmente favorecido nos próximos séculos. Destacou também o grande número de mulheres que fizeram o Caminho de Santiago, especialmente no ano de 2000, sinal de que o feminino está mais receptivo ao chamamento cósmico de voltar às rotas primitivas do espírito, com a austeridade que caracteriza o peregrino. São as mulheres cada vez mais assumindo sua antiga e verdadeira posição perante a humanidade: a volta ao culto ao feminino, a preservação do planeta sendo discutida...

Segundo Tomás, a importância do Caminho de Santiago vai além de se percorrer um dos pontos de maior energia telúrica e cósmica do planeta. A peregrinação mexe com o coração, com a sensibilidade, aflora os sentimentos humanitários, resgata o espírito fraterno entre pessoas das mais variadas nacionalidades de uma forma muito concreta.

O hospitaleiro contou que muitos dos que caminham são "anjos do Senhor", e que só os reconhecemos nas despedidas; são pessoas que encontramos, com quem nos confraternizamos durante o percurso e de quem, depois, nunca mais temos notícias.

Percorri o quintal pensando naquelas palavras, me livrando de gansos, patos, galos, cachorros, galinhas e abelhas que de maneira alguma me meteram medo. Passei pela horta, onde vi plantas medicinais entre muitas ervas daninhas. Cheguei a um lugar mais alto, do qual observei a paisagem se descortinar. Reparei que estava defronte a um círculo de pedras de, mais ou menos, três metros de diâmetro.

Reverenciei as quatro direções e entrei pela abertura no lado norte. Sentei ao centro em posição de lótus. Fechei os olhos e saudei os quatro elementos da natureza: a terra, que proporciona estabilidade, o contato com o mundo físico; o ar, sutil, determina os pensamentos e o corpo mental; a água, a emoção e os sentimentos, o lado feminino; e o fogo, a força vital, o impulso.

Não sei quanto tempo fiquei ali sentada. Herminie, Peter e Jacques desceram em busca de uma fonte de água escondida na mata. Tomás veio em minha direção e disse surpreso: "Você está no antigo ponto exato de maior energia do planeta. Ai era o lugar da Cruz de Ferro."

Saí do círculo e continuamos a conversar. Ele explicou que a Cruz de Ferro foi transferida devido ao deslocamento das forças magnéticas causado pelo movimento da terra no decorrer dos séculos. Contou que, antes de instalada a moderna antena, somente dentro do círculo era possível se falar ao telefone celular. Apontou os pontos cardeais, que eu já havia identificado. Mostrou por onde passava o antigo *Camino de las Estrellas*, o original trilhado pelos druidas em busca de suas poções mágicas.

Tomás relembrou a apropriação dos antigos lugares sagrados pelo cristianismo e pelos nobres da época medieval, que subjugaram culturas e crenças. Falou também da destruição das antigas e sagradas civilizações americanas dos astecas, maias, incas, entre outras, pelos conquistadores espanhóis no século XV e XVI.

Percebi que a bússola carregada no bolso havia quebrado e não funcionava mais. Rimos da situação. Tomás disse que eu não precisava da bússola; só o fato de eu ter estado ali era um sinal de que eu sabia me orientar, perceber e atender aos verdadeiros chamados. Apesar disso, continuou ele, eu devia procurar me manter, como naquele momento, "antenada" para captar a permanente mutação das coisas. A única certeza, afirmou ele, é a de que nada é permanente e, por isso, as mulheres estão em melhor condição que os homens, por serem mais adaptáveis. "Esse é o trunfo de vocês."

Márcia se aproximou, perguntando onde havia água para o banho. Tomás disse que não havia energia elétrica nem água encanada na casa, mas poderíamos tomar uma ducha quente se quiséssemos. Indicou um caminho, que seguia a trilha. Um pouco à frente devíamos entrar num pasto no qual havia uma cerca eletrificada. Logo adiante veríamos uma mangueira azul de borracha, que teria água *calentada* pelo sol.

Procuramos o lugar e só encontramos uma pequena fonte. Resolvemos nos limpar com os lenços umedecidos que eu tinha ganhado do Fernando, em Logroño. Ao voltarmos, Tomás, percebendo que não tínhamos encontrado a ducha, se prontificou a nos levar até lá. Depois de nos conduzir, foi-se. Eu me despi, agradeci aos deuses aquele presente e me lavei. Sequei-me naturalmente em completa comunhão com o lugar.

De volta ao refúgio, e ainda com a luz do sol, arrumamos nossos sacos de dormir no sótão da casa enquanto Tomás preparava a sopa. Outra vez, éramos 13 pessoas sentadas à mesa: Tomás e Miguel, seu ajudante; os espanhóis, Miguel e Beatriz, que também estavam em Ítero del Castillo; Jacques, Herminie, Peter; Caro, um espanhol que vive em Paris; Ichard, de origem árabe; Daniel, também espanhol , Márcia, eu e Walter, um austríaco que optou por dormir ao lado do círculo sagrado, ao relento.

Todos à mesa, Tomás fez uma oração de agradecimento. Falou dos anjos que aparecem e desaparecem no caminho e quase exigiu que mantivéssemos sempre a alegria em nossos corações. Depois de comer, voltei ao círculo de pedras. Sob um vento frio, esperei o sol se esconder na linha do horizonte. Walter chegou e começou a preparar seu ninho. Trocamos algumas palavras e me retirei. Saí dali com a certeza da constante mutação do universo. Algo aconteceria de novo. Outra vez, de outra forma.

19 de junho – dia 21

Manjarín – Ponferrada – 22,9 km – cinco horas e quarenta e cinco minutos de caminhada

O comentário entre nós, peregrinos, era de que ninguém havia dormido bem. Crédulos ou não, todos fomos sensibilizados pela mágica energia do lugar. Levantamos ao sentir o cheiro bom do café sendo coado. Ouvimos o som destoante do canto gregoriano que tocava no velho toca-fitas de pilhas fracas.

Tratamos de arrumar as mochilas e descer enquanto Tomás já arrumava a mesa para o *desayuno*. Eram mais ou menos sete horas.

Comemos novamente todos juntos. Pouco nos falamos. Na despedida, Tomás contou-me a história daquele enigmático quadro de mulher protegido pelas espadas cerimoniais. Depois, mostrou-me mais uma prova da grande energia telúrica do lugar: as duas montanhas que circundam a região. Apontou, primeiro, para a serra da esquerda. Nela, o solo é cheio de pedras brancas. Se há nuvens, é sinal de frio. Tudo se torna seco e estéril. É uma serra masculina. Ao contrário, quando há nuvens sobre a montanha da direita, é sinal de chuva. É uma serra feminina, que anuncia o florescimento da vegetação, a fertilidade da terra e a chegada da primavera. Lá, o solo tem pedras negras. Entre elas, bem no meio, encontra-se o Vale do Silêncio, uma reunião das duas energias opostas e complementares.

Peter, Herminie, Jacques, Márcia e eu saímos às oito e quinze, seguindo a mesma trilha que fizemos para encontrar nosso banheiro de água quente, bordeando o vale. Víamos as montanhas de gelo ao longe. O céu estava todo azul, e o sol aquecia sem incomodar. Atravessamos a montanha feminina entre árvores e sombreados. A paisagem verde, úmida e amiga convidava a apreciar a natureza. Apesar da noite mal dormida, não nos sentíamos cansados. A partir da Cruz de Ferro, nosso caminho em declive parecia mais fácil: bastava não concentrar o peso do corpo nos joelhos, para evitar que doessem.

Descendo as trilhas do caminho, conversávamos sobre nosso cotidiano e sobre a estranha energia de Manjarín. A grande disponibilidade e abnegação de Tomás em nos receber naquele lugar ainda tão precário encabulou-nos.

Do alto, avistamos o pequeno povoado de El Acebo, primeira vila da região chamada El Bierzo, rica na produção de bons vinhos. Cortamos El Acebo, como tantos outros lugarejos, por sua via principal, que é a rota peregrina. Velhas casas de pedra, telhados de madeira, amplas varandas e ninguém pelas ruas. Havia um único bar aberto, onde entramos para *sellar* nossas credenciais e tomar um rápido café com leite. As poucas pessoas que nos serviam se mostravam cordiais. Descendo, seguindo as setas amarelas, contornando a montanha. Um pouco à frente, um outro povoado, Riego de Ambrós, também com aspecto de cidade fantasma, por onde passamos sem parar.

Mais adiante, resolvemos parar perto de um pequeno riacho. Tirei as botas e refresquei os pés na água, enquanto compartilhávamos chocolates e *galletas* ou o que tínhamos nas mochilas. Depois, refizemos os curativos, renovamos o *Betadine* e os esparadrapos. Seguimos adiante.

Pouco depois atravessávamos a ponte medieval sobre o rio Meruelo. Chegamos ao povoado de Molinaseca, onde o rio é represado formando uma piscina pública de água corrente. Cartazes pediam para manter limpo o lugar e proibiam a entrada de animais.

Atravessar Molinaseca, sem parar, acompanhando os companheiros, foi para mim um grande sacrifício. Milhares de cerejeiras inteiramente carregadas de frutos maduros e sedutores se ofereciam gentilmente. Permiti-me voltar à primeira adolescência sem constrangimento. Jacques ajudava-me a colhê-las, rindo zombeteiro da minha atitude e da maneira como eu contava minha história de Cinderela. Ficamos para trás e, a partir daí, seguimos até Ponferrada margeando uma estrada asfaltada com subidas íngremes e sol de meio-dia.

Ponferrada é uma cidade grande, cheia de carros e novas urbanizações. O albergue ainda estava fechado e havia uma fila esperando sua abertura. Ali reencontramos vários amigos peregrinos que não víamos há muito tempo.

O albergue é de longe o que tem melhores e mais organizadas instalações. As hospitaleiras Pilar e Ana nos receberam servindo limonada e balas. Fizeram nossos registros em meio a conversas "atravessadas" e piadas. Um bom humor cativante. Além disso, elas mesmas carregavam nossas mochilas até os quartos, apresentando-nos as instalações: quartos com dois beliches, separados para homens e mulheres. Banheiros com água quente e farta, cozinha com forno microondas, geladeira, utensílios, frutas e chás à disposição, serviço de correio, coleta seletiva do lixo e uma completa farmácia com todos os medicamentos necessários.

Fiquei surpresa ao encontrar a persistente Célia. Seus pés ainda necessitavam de cuidados especiais, mas ela seguia o caminho da forma que podia. Contou que viera de León de trem e que mil histórias tinha vivido, inclusive, que já havia identificado alguns "anjos" de carne e osso, como descrevera Tomás naquela manhã. Sentei com ela e Ruither, um brasileiro excêntrico que mora em Zurique.

Ruither é um ser especial: artista plástico sensível, perguntava e questionava todas as palavras que ouvia ou cada uma das minhas atitudes. Reclamou que há muito queria conversar comigo, mas eu estava integrada a um "hermético grupo de franceses", e ele se sentiu incapaz de aproximar.

Contou que correspondia com Paulo Coelho desde o lançamento de *O Diário de um Mago*. Comentamos ter ouvido de vários peregrinos não brasileiros críticas à peregrinação do escritor pelos Caminhos de Santiago. Diziam que Coelho jamais fez o caminho a pé, a cavalo ou a bicicleta, como verdadeiro peregrino. Suspeitavam que o autor passou por ali de carro, entrevistando hospitaleiros, místicos, peregrinos e moradores da rota jacobea, aproveitando de tudo para compor seus livros ou conduzir seus documentários para essa ou aquela TV. Ouvimos também comentários sobre o livro de Shirley MacLaine e seus temidos cães, que não havíamos encontrado até aquele momento. As horas passaram rápido, e eu ainda queria comprar filme para minha câmara.

Quando saí, já escurecia e todo o comércio estava fechado. De volta ao albergue, fui convidada por Jacques e Gerard a comer mais uma deliciosa salada acompanhada dos tradicionais pães e do vinho. Lavei as louças e tratei de me recolher.

20 de junho – dia 22

Ponferrada – Villafranca del Bierzo – 22,5 km – seis horas e dez minutos de caminhada

A noite foi tranqüila. O albergue de Ponferrada, que oferecia ótimas instalações, só permitia a saída depois das seis e meia da manhã, após o café.

Atravessamos a cidade com o sol da manhã que dava à paisagem um tom dourado especial. Ponferrada se tornou importante ponto da rota *jacobea* depois que a ponte sob o rio Sil foi reforçada com ferro a mando do bispo Osmundo, de Astorga, no sécuo XI. Daí a origem do nome, que vem de *pons ferratus*. Antes, era um pequeno povoado que serviu aos asturianos e aos romanos.

No século XII, a Ordem dos Templários construiu o *Castillo de los Templarios*, um verdadeiro castelo de reis, rainhas e fadas do nosso imaginário infantil. Esse castelo, ao lado do rio Sil, é um dos mais antigos exemplos da arquitetura militar na Espanha. Um pouco adiante está a *Basílica de Nuestra Señora de la Encina*, construída entre os anos 1573 e 1660, onde se encontra uma imagem da Virgem Negra, a patrona da região que apareceu aos templários.

Nas proximidades de Ponferrada, fora da atual rota *jacobea*, encontra-se o povoado de Santiago de Peñalba. Ali existe escondida uma bela peça da arquitetura pré-românica completamente intacta: *a Iglesia Mozárabe*, construída entre os anos 931 e 937 por São Genadio, um ermitão canonizado posteriormente.

Continuamos seguindo as setas amarelas e atravessamos a região de El Bierzo entre grandes plantações de uva e muitas cerejeiras. Em Camponaraya, passamos pelas adegas da Cooperativa *Viñas del Bierzo*, que convidavam a degustar um vinho de boa qualidade. Seguimos em frente, adiando para a noite o rito da celebração do vinho e do pão.

Chegamos a Cacabelos sob um sol forte de quase meio-dia. Paramos um pouco para descansar e comer alguma coisa na única sombra ao lado do albergue ainda fechado. Nossa meta era chegar a Villafranca del Bierzo, oito quilômetros à frente. Eu sentia dores musculares nas pernas e nas costas. Márcia, generosamente, se propôs a fazer uma massagem.

Jacques nos encontrou ali e seguimos conversando sobre nossas maneiras de viver: viver junto, estar sozinho, viver só, ter companhia, esposa, marido, filhos, cães, gatos... Márcia está casada há dez anos, vive com o marido, não tem filhos e está satisfeita. Jacques já foi casado, tem dois filhos adultos e atualmente tem uma namorada que o faz feliz. Apesar disso, ele se sente livre para namoricar aqui e ali. Eu, por minha vez, nunca me casei e não tenho filhos. Tenho esperança de ainda encontrar uma pessoa estável, autêntica e carinhosa para compartilhar minha vida.

Finalmente chegamos a Villafranca del Bierzo, antigo assentamento de francos revitalizado a partir do século XI por Alfonso VI, que construiu a *Iglesia de Santiago*, em estilo românico, com uma só nave. Abriga a famosa *Puerta del Perdón*. O papa Calixto III concede um privilégio aos peregrinos enfermos, que, impossibilitados de prosseguir até o túmulo do apóstolo, recebiam ali mesmo o indulto espiritual.

Ao lado da *Iglesia de Santiago* está o albergue Ave Fênix, onde fomos generosamente recebidas pelo famoso hospitaleiro Jesús Jato – um verdadeiro bruxo, conhecedor de fórmulas e poções mágicas. Além do albergue, cujas instalações estão sendo ampliadas, havia um bar/restaurante mantido por sua família.

Cheguei reclamando de dores nas costas. Jato, então, com a naturalidade dos verdadeiros druidas, deu-me passes energéticos, que provocaram estranhos arrepios e me curaram. Diferentemente de Tomás, Jato pouco falou sobre seus conhecimentos. Mostrou o pequeno raio de luz que, no dia exato do solstício de verão, ilumina o centro do emblema do refúgio. E reafirmou que nada é por acaso: há mais verdades no mundo do que podem provar a ciência positivista ou os filósofos cartesianos.

Saí para conhecer a cidade e comprar filmes. Villafranca possui um belo castelo – *Castillo de los Marqueses de Villafranca* – remanescente do século XVI. Outras edificações medievais como a *Iglesia de San Francisco*, o *Convento de La Anunciada, a Colegiata de Santa María de Cruñuego* destacam a importante localização da cidade no Caminho de Santiago.

De volta ao refúgio, encontrei a amiga Célia. Ela assegurou que, com perseverança e calma, chegaria andando a Santiago. Contou histórias incríveis sobre o atendimento nos hospitais espanhóis [8] e sobre "verdadeiros anjos".

Durante o jantar regado a vinho da região, continuamos conversando, acompanhadas por Rui, um português cético (amigo da Célia de uma etapa precedente), sobre os aspectos mágicos tão falados naquele "caminho das estrelas": o ressurgimento do culto ao feminino, o atual reconhecimento por parte dos homens da inegável força das mulheres, a astrologia, o poder curativo das ervas, a aromaterapia, a magia *wicca* e seus druidas. Ao terminarmos, estava embriagada pelo vinho, mas consciente de que deixamos Rui *mareado* por tanta informação para uma mente de um jovem agente de informática da região do Minho português.

Bienvenido al Hospital Ave Fenix
Un refugio por amor.
Se tu mismo optimista
Bien recibido seras
Se quieres colaborar
Todos te lo agradeceram
Que la luz de las estrellas
Refleje tu caminar
Y que la luz de Cristo
Sea tu camino y tu verdade! Ultreya.

---

[8] Depoimento da Célia sobre os hospitais da Espanha, em carta

Antes de viajar, eu já tinha plena consciência de que o maior obstáculo e o maior desafio seriam meus pés. Eles são a parte mais frágil do meu corpo. Desde criança saio de sapatos e volto com os ditos nas mãos. Mesmo sabendo disso, cometi erros elementares. Fui muito displicente no que se refere aos cuidados e na atenção que deveria tomar.

Sabia que, conseguindo ultrapassar essa limitação, chegaria a Santiago de Compostela. Daí não ter sido nenhuma surpresa quando os problemas começaram a apresentarem-se logo nos primeiros dias de caminhada.

Iniciei o caminho percorrendo mais quilômetros do que deveria, sem prestar atenção aos sinais que meus pés davam a todo instante. Seguia o ritmo do grupo, e não o meu. Dei ouvidos a comentários do tipo: pare de reclamar, esqueça os pés, preste atenção no caminho. Não protegi os pés depois de ter esvaziado as bolhas e passado linhas de drenagem. Usei produto de desinfecção inadequado e desenvolvi um processo alérgico ao *Compeed*. A soma desses fatores fez com que duas das bolhas infeccionassem, sendo uma delas hemorrágica, com necrose de tecidos, atingindo os tendões e a musculatura das pernas.

Em Los Arcos, cheguei ao albergue sem condições de andar. Depois do curativo e da massagem feitos pelo hospitaleiro, os pés começaram a inchar e as bordas das bolhas ficaram arroxeadas. Fiz compressa com gelo e fiquei de repouso o resto do dia. Sem condições de andar, tomei um ônibus de Los Arcos para Logroño.

Lá, fui à emergência de um grande hospital indicado por um motorista de táxi. Apresentei o cartão do seguro de saúde que tinha feito (Touristcard) e não paguei nada. Fui atendida por uma médica e uma enfermeira. Fizeram desinfecção e curativos. Não me receitaram medicamentos porque tenho histórico de alergia e não conheciam minha ficha médica. Deram-me algumas unidades de gaze e faixas, e receitarem *Betadine* para que eu fizesse curativos posteriores. Antes de me dispensarem, fizeram um discurso contundente contra o uso de *Compeed*. Pediram que eu alertasse outros peregrinos sobre os males que ele pode provocar e me aconselharam a voltar para casa. Disseram que não teria chance de continuar e que, para mim, o caminho deveria terminar ali. Recomendaram que eu ficasse sem andar no mínimo cinco dias. Chorei e afirmei que iria recuperar meus pés e terminar o caminho. Os hospitaleiros do albergue de Logrono disseram que eu não poderia ficar lá. Deveria desistir da peregrinação e voltar pra casa. Chamaram um táxi para me levar aonde eu quisesse. Consultei o guia e decidi ir para Nájera.

Fui direto para o setor de emergência do hospital também indicado pelo taxista. Mais uma vez o único documento que exigiram foi o passaporte. Quando a médica examinou meus pés, fez uma exclamação e chamou outro médico. Fizeram outro curativo e perguntaram se eu era alérgica a algum tipo de antibiótico. Eu disse que não. Deram-me uma cartela com 20 cápsulas de antibiótico, faixas e uma receita de um tipo especial de curativo. Mais uma vez ouvi outro discurso contundente contra o *Compeed*. Reafirmaram que os fabricantes deveriam ser processados pelo mal que causavam. E concluíram que eu não tinha nenhuma chance de seguir o caminho. Peguei outro táxi e fui até o albergue, onde fui recebida e amparada por um "anjo" de nome Evelyn (peregrina brasileira e hospitaleira voluntária), que disse que eu estava em casa e só sairia quando estivesse recuperada. Nos primeiros três dias, um enfermeiro voluntário fazia curativos. No quarto dia, voltei ao hospital. Depois de examinada por dois médicos, resolveram fazer uma pequena cirurgia, para retirar tecidos necrosados. Durante três dias fui ao ambulatório do hospital fazer curativos, até que os médicos me dessem alta. Eu teria de ficar sem andar por mais cinco dias. Acabei ficando sete dias no albergue de Nájera.

Em Ponferrada, depois da benção dos peregrinos na capela do albergue, senti que um bichinho havia entrado no ouvido. Passei a noite toda ouvindo "brrrrr". Na manhã seguinte, fui ao hospital da cidade. Pedi para ser atendida por um otorrinolaringologista e por um médico que pudesse dar uma olhada nos meus pés, que já estavam a caminho da recuperação. Estava preocupada, pois vinha fazendo pequenas caminhadas, sem que o processo de cicatrização tivesse sido completado. Meus pés estavam inchados e doloridos. Fui atendida pelo otorrino (que não encontrou o bichinho) e por um clínico geral, que ordenou que fosse feito novo curativo. Pediu para ver o material que eu estava usando nos curativos e me forneceu mais compressas, gazes e outros itens.

Conclusão: apesar de terem sido bastante duros comigo, criticando minha teimosia em permanecer e concluir o caminho, médicos e enfermeiras foram gentis e simpáticos. Consideram os peregrinos loucos. Chamaram-me de louca várias vezes, mas percebi que eles sentiam respeito pela minha obstinação. Contrariando tudo e todos, consegui andar uns 200 quilômetros e cheguei triunfante à Santiago de Compostela. O atendimento médico foi fundamental, mas credito minha recuperação à fé, às orações, ao carinho que recebi das pessoas, ao "benzimento" do Jato e à minha vontade de fazer o caminho.

Célia

PS: Meus pés ainda inspiram cuidados. Quando voltei ao Brasil, fui a um ortopedista, que resolveu imobilizar um deles, dizendo que deveria ficar sem andar por uns quinze dias. Já fui ao *Spa do Pé* três vezes, e meu médico disse que a cicatriz levará um bom tempo para ficar com um aspecto melhor. Apesar de tudo, afirmo que farei o caminho novamente, e isso será em breve.

21 de junho – dia 23

Villafranca del Bierzo – O Cebreiro – 30km – oito horas de caminhada

Não dormi bem. Acordei encharcada de suor. O alojamento onde estavam os beliches tinha pé direito muito baixo, deixando abafado o ambiente. Naquele dia do solstício de verão, levantei um pouco estranha. Era o dia da celebração do *Sabbat Litha*, um dos oito dias festivos da tradição celta. Haveria por ali, decerto, alguma festa com fogueiras e danças, durante a qual pedidos de proteção e força seriam feitos. Naquele dia, eu chegaria a Galícia, terra do meu bisavô, última etapa do caminho das estrelas até Finisterra – o fim do mundo onde tudo deveria recomeçar.

Tomei um banho frio, comi pouco e saímos, Márcia e eu. Jesús Jato, como tradicionalmente faz, levou as mochilas dos peregrinos até O Cebreiro, a primeira cidade já na Galícia a 30 quilômetros dali. Esse é o segundo trecho mais duro de todo o Caminho de Santiago, onde a generosidade de Jato tornava-o menos árduo.

Na saída da cidade, nos deparamos com dois caminhos: um passava por uma floresta, com um primeiro trecho ainda íngreme. O outro é o traçado original, cortado pela *carretera* N-VI e seu trânsito intenso, perigoso e em obras. Márcia seguiu com um grupo de austríacos pela floresta; segui pelo traçado original: nove quilômetros de subida forte, ziguezagueando o rio Valcarcel, depois mais 21 quilômetros de subidas e descidas.

Segui atravessando pequenos povoados: em Pereje, onde as poucas casas são todas de pedras, algumas abandonadas, parei num refúgio para usar o banheiro. Vi uma cena pitoresca: o pão sendo entregue de casa em casa a velhinhas que esperavam à porta. Na outra vila, Portela, encontrei uma brasileira de Goiás Velho – GO – que não falava espanhol, mas cuidava de uma senhora há quase um ano. Fui *sellando* minha credencial até o último quadradinho, apreciando a paisagem: o Valcarcel sempre à esquerda, com seus redemoinhos; a densa vegetação de floresta repleta de pássaros, insetos e moscas que perturbavam.

Em Ambascasas, senhores vendiam cajados, conchas e chapéus aos peregrinos ainda não equipados. Eu seguia tranqüila e sozinha, levando apenas câmara fotográfica, garrafa de água, cajado e pochete com documentos.

Reparar o cotidiano dos simples moradores daquelas vilas encantava-me. Em Herrerías, após rápido lanche num bar, acabei me esquecendo do cajado. Só vim a perceber uns dois quilômetros adiante, quando encontrei o grupo de franceses. Não voltei para buscá-lo. Perguntaram-me por Márcia e pela mochila, que Jato carregava morro acima. Os franceses haviam pernoitado em um outro refúgio e não foram agraciados por Jato.

Outro trecho de subida pesada e um visual que compensava todo o esforço: vales e montanhas cobertas por exuberante vegetação ou campos cultivados com variados tons de verde, amarelo e um maravilhoso azul no céu. O calor era intenso. Logo adiante, paramos numa fonte. Como crianças, e sem nenhum constrangimento, encharcamo-nos todos, jogando água uns nos outros. Seguimos até vislumbrar o marco da entrada na Galícia. Estávamos a cento e cinqüenta e dois quilômetros e meio de Santiago. Na descrição do *Codex Calixtinus*:

> *Después, pasada la tierra de Léon y los puertos del monte Irago, se encuentra la tierra de los gallegos. Abunda en bosques, és agradable por sus ríos, sus prados y riquísimos manzanos, sus buenas frutas y sua clarisimas fuentes; és rara en ciudades, villas y labradíos. Escasea en pan de trigo y vino, abunda en pan de centeno y sidra, en ganadas y caballerías, en leche y miel en grandísimos y pequeños pescados de mar; es rica en oro y plata ...*

Descontraidamente fizemos fotos, comemoramos a etapa e prosseguimos. Para mim, tudo ia acontecendo com grande força simbólica. Perdi meu cajado exatamente naquele ponto, quando entrava na Galícia. Desde Saint-Jean Pied de Port, quando o "decorei" com a espiral que representa os infinitos ciclos da vida, era meu apoio e amuleto. Entretanto, a lua nova permitia entrar num mundo desconhecido, marcando o começo de uma nova jornada, impulsionando projetos. Na imaginária fogueira de Litha, eu deveria queimar minhas dores do passado. Era, também, um sinal de que eu poderia seguir sozinha, sem apoio do cajado.

Chegamos finalmente n'O Cebreiro, a 1.300 metros de altitude, um lugar emblemático do caminho das estrelas. Ainda embevecida pela magia do lugar, peguei minha mochila, deixada pelo Jato num restaurante, e dirigi-me ao albergue. O hospitaleiro era André, jovem pernambucano, que me recebeu com descontração e carinho. Rapidamente mostrou-me as acomodações.

Logo chegou Márcia, acompanhada de Célia e Daniel, um outro brasileiro. Tomei banho e fui lavar toda a minha roupa, usando, enquanto isso, um *short* emprestado por André. Saímos todos para comer o tradicional menu. Ao todo, naquela noite, éramos oito pessoas à mesa, sensibilizadas pela magia do lugar.

Quando fui recolher minha roupa, falei um pouco com André, o hospitaleiro. Ele me contou ser estudante de Educação Física. Trabalhava com crianças cancerosas no Brasil. Em busca de autoconhecimento, largou tudo: família e emprego. Foi para a Espanha com apenas 400 dólares fazer o

Caminho de Santiago. Seguindo as setas amarelas, André fora convidado a fazer o curso de hospitaleiros em Granõn. Logo depois, já tinha data e local para prestar seus serviços de voluntário e encarou o novo desafio como mais uma possibilidade de crescimento. Ali, fez muitos amigos e conheceu uma alemã, por quem se apaixonou.

Foram vários os assuntos sobre os quais conversamos: contei o significado daquele dia dentro da Roda do Ano do calendário celta. Falei de como o cristianismo se apropriou das datas para celebrar seus acontecimentos; falamos do conceito da impermanência do budismo e da constante espiral do tempo, quando tudo se renova nas fases da lua e a cada nascer do sol; comentamos do desrespeito à natureza e da devastação da Amazônia.

Saímos depois, para conhecer O Cebreiro, a pequena vila preservada em todas as características da arquitetura celta, os fundadores e os habitantes da região desde os tempos remotos. A principal atividade da cidade é o turismo: existem lojinhas de artesanato celta, onde compramos pequenos presentes. Numa delas, ouvi o som mágico da música celta do grupo galego *Milladoiro*, que conhecia e muito me encantava.

Selei minha nova credencial – a primeira já estava completa – no santuário de *Santa María d'O Cebreiro*, uma das igrejas mais antigas da rota. Construída no século IX, guarda a imagem de *Santa María la Real*, do século XII, e os objetos litúrgicos do famoso Milagre do Cebreiro: o lendário cálice do Santo Graal que, além de muitos simbolismos, representa, tanto no cristianismo como na religião celta, a busca pelos segredos da vida e os mistérios da morte.

Voltamos ao albergue às dez e meia da noite. O sol vermelho se punha em um majestoso horizonte que se descortinava em 360 graus. Walter, o austríaco que dormiu ao relento em Manjarín, passou se despedindo: começava a cumprir, sozinho, mais uma etapa da sua caminhada. Espantados, perguntamos como ele iria caminhar à noite: "hoje ela é curta", respondeu. Fiquei na varanda comungando com a natureza. Quando fui deitar, todos dormiam. Alguns roncavam.

22 de junho – dia 24

O Cebreiro – Samos – 29,5 km – oito horas e meia de caminhada

Acordei de um sonho estranho, em que pessoas reconstruíam velhos casarões e uma criança conduzia pelas ruas um cachorro cego! Quando levantei, o quarto já estava quase vazio. Tomei café com os amigos franceses que ainda estavam no refeitório. Peter tinha um semblante triste. Saiu bem antes, solitariamente.

Preparei meus pés. Novas bolhas, somadas às antigas, exigiam maior cuidado. Fiz um pouco de alongamento. Meu sentimento era de nostalgia: queria poder ficar ali mais uns dias. Saímos os cinco amigos, às sete e meia, deixando O Cebreiro para trás. A descida começava com um belo pinheiral.

A paisagem da Galícia é harmoniosa e tranqüila: campos cultivados e pequenas aldeias; muito verde. Fiquei tentando ajuntar os fragmentos do meu sonho, para analisá-lo e entendê-lo: uma criança conduzia um cachorro cego pelas ruas. Por que não o contrário?

Atravessamos a estrada. Passamos por uma moderna escultura em homenagem aos peregrinos e por várias fazendas de criação de gado leiteiro, pequeninas aldeias, onde víamos moradores nos seus afazeres diários. Arquitetura primitiva: casas de pedras com telhados também de pedra, às vezes com vegetação brotando. Algumas casas abandonadas. Pequenas hortas para consumo doméstico. O idioma é o galego, uma língua mais próxima do português brasileiro que do castelhano ou do português de Portugal.

Por volta das duas da tarde, chegamos em Triacastela, uma cidade de porte médio, com vários bares e restaurantes. Fundada no século IX, pelo Conde Gatón del Bierzo, tem um traçado em função do caminho. Marcamos de nos encontrar em meia hora para comermos juntos na beira do regato Valdeoscuro, na saída da cidade. Cada um foi resolver suas necessidades. Fui ao banco trocar dinheiro e ao supermercado. O almoço foi um piquenique típico europeu: tiramos as botas, arregaçamos as mangas, lavamos as frutas na água gelada e sentamos ao sol com o pé dentro do rio.

Dali tínhamos duas opções. Seguir para Sarria, onde encontraríamos pequenos povoados no traçado original da rota *jacobea*, ou seguir para Samos. Optamos pela segunda, obedecendo à intuição de Herminie. Depois de pouco mais de duas horas de caminhada, atravessando a bela paisagem do Vale do Ouribio, a pequena cidade de Samos nos apresentava um espetacular monastério beneditino. Eu estava exausta pela caminhada!

Fundado por San Martin Dumiense no século VI, o *Monasterio de San Julián* é um dos mais antigos do Ocidente, como comprova a lápide visigótica que ali se encontra. Lá se educou Alfonso II, nos fins do século VIII, em cujo reinado se deu a descoberta do túmulo de Santiago. Com a adoção da *Regla de San Benito*, em 960, o monastério se ocupou especialmente da hospitalidade aos peregrinos do Caminho de Santiago. A capela moçárabe – *Capilla del Ciprés* –, construída no ano 1000, funciona como refúgio.

Fomos recebidos pelos monges beneditinos, guardiões de todo o conjunto arquitetônico. Devidamente inscritas e de banho tomado, saímos, Márcia e eu, para comprar provisões e visitar as dependências do famoso monastério. No trajeto, uma casa oferecia aulas de gaita de fole, instrumento tradicional da música celta.

A Basílica de Samos é um nobre edifício neoclássico (mescla estilos renascentista e barroco) de planta retangular. Da antiga igreja românica medieval sobre a qual foi erguida, conserva apenas a portada, que se comunica com o *Clausto de las Nereidas* (séc. XVI), o qual abriga o refeitório dos monges e a riquíssima biblioteca.

Com Herminie, grande amante dos livros raros e estudiosa de filosofia, pedimos aos monges para visitar a biblioteca. Só conseguimos entrar após muita insistência e argumentação. A coleção é composta basicamente por obras de filosofia e teologia, muitas modernas. Numa estante fechada, pudemos vislumbrar imensas obras do século XIV e XV, com textos proibidos sobre a inquisição e as lutas religiosas, remanescentes do grande incêndio ocorrido em agosto de 1951. Não pudemos manuseá-los, pois isso exigia documentos de autorização que evidentemente não possuíamos. Saímos dali indignadas, mas maravilhadas.

No fim da tarde, lá pelas nove horas, juntamo-nos a Peter e aos franceses. Fomos a um restaurante próximo ao refúgio comer o menu do peregrino por seis euros. Nós rimos e brincamos muito. Nossa intimidade era como a de uma verdadeira família, onde um filho reclama do cardápio e outro faz pirraça na escolha da sobremesa. No final "brigamos" com a garçonete quando nos disse não haver sorvete. Na saída do restaurante, demos de cara com um homem e um garoto de uns sete anos com um sorvete na mão. Foi um alvoroço! Brincando, avançamos sobre o sorvete e o menino, apavorado, sem nada entender, saiu correndo, chorando. Mas foi somente um susto para ele, já que não o atacamos de fato. Saímos dali prontos para o merecido descanso, alegres demais por nos permitir voltar à infância; um pouco alterados pelo vinho e pelo cumprimento de mais uma etapa.

23 de junho – dia 25

Samos – Portomarín – 31,9 km + 10 km de táxi – sete horas e meia de caminhada

Quando acordei, estava sonhando com meu amigo radialista e humorista Geraldo Magela, o Ceguinho. Em 1998, acompanhei-o por ocasião da Copa do Mundo na França, uma experiência inesquecível. Tenho uma grande admiração por sua força de vontade e pela capacidade de luta para vencer seus limites.

Havia dormido muito bem, mas notei que meus pés pioraram: toda a pele do dedo mínimo esquerdo tinha-se soltado, juntamente com a unha. Uma nova bolha ensaiava despontar no dedo do pé direito. Mas não era hora de parar.

Às seis e meia da manhã, saímos do *Monasterio de Samos* seguindo pelo asfalto em direção a Sarria, onde tomaríamos o café. Havia cerração na montanha e o sol se levantava, anunciando mais um dia de calor. A vegetação era farta e generosa. A paisagem da Galícia é a mais exuberante de todo o Caminho de Santiago.

Atravessamos Sarria, seguindo as setas amarelas e percorrendo os marcos do caminho. Passamos pela *Iglesia Paroquial del Salvador*, de fachada gótica do século XIV. Avistamos uma parte do antigo *Castillo de Sarria*, quase todo destruído no século XV por ocasião do movimento chamado *Guerra dos Irmandiños*. Esse movimento, equiparado a uma guerra civil, foi uma revolta popular contra a nobreza feudal. Já na saída da cidade, passamos pelo *Convento de la Magdalena*, um antigo hospital de peregrinos fundado no início do século XIII por dois religiosos italianos, também peregrinos.

O céu nublou completamente. A Galícia, pela proximidade do oceano, é a região mais chuvosa da Espanha. Eu torcia para que não chovesse. Depois de avisar aos amigos que nos encontraríamos no povoado de Ferreiros a uns 12 quilômetros à frente, segui sozinha.

Fui acometida de uma profunda tristeza. Meus pés doíam, mas eu tentava ignorar. Precisava marchar rápido para chegar ao próximo albergue e tirar as botas. Os pensamentos eram confusos. Já não havia mais cerejeiras à borda do caminho. Percebi que as pêras, ainda pequenas, estariam maduras no ápice do verão.

Continuei sozinha, tentando distrair as dores físicas e sentimentais com a bela paisagem que alternava pequenas aldeias e fazendas com cultivos de hortaliças e batatas, além da original arquitetura herdada dos celtas. Nos pequenos povoados, as roseiras estavam no auge da floração, enfeitando casas e enchendo-me os olhos. Em menos de uma semana, já não teria "setas amarelas" para seguir. Atravessei pequenos riachos canalizados para irrigação ou para dar de beber ao gado. Pelos meus cálculos, já havia caminhado mais de 30 quilômetros.

Chegando em Ferreiros, descobri um albergue com uma pequena cozinha, banheiros e um grande quarto com 12 beliches. O albergue estava vazio. Um cartaz solicitava que nos registrássemos. Tirei as botas. Meu dedo estava em carne viva. Escrevi meu nome no livro e espalhei minhas coisas em seis camas do quarto, reservando lugar para os amigos, que certamente vinham atrás. Tomei banho, lavei algumas peças de roupa e voltei à estrada para esperá-los.

Sentei num pequeno bar com os pés ao sol. Pouco depois, chegaram os outros amigos e nos reunimos para decidir o que fazer. Informei-os sobre a minha impossibilidade de caminhar. Márcia e Jacques resolveram ficar; Gerard, Herminie e Peter queriam prosseguir. Entretanto, no dia seguinte, seria aniversário de Gerard e, como estávamos preparando uma festa, o grupo não queria se separar. Herminie examinou meus pés e decidimos que seria melhor me poupar para prosseguir caminhando no dia seguinte. Por sugestão da balconista do bar, chamamos um táxi que me levou até Portomarín, a dez quilômetros. Eles prosseguiram, e eu fiquei com todas as seis mochilas.

Rapidamente, chegou o taxista e partimos ziguezagueando pela pequena estrada asfaltada até o albergue de Portomarín. Ao chegar, reservei novamente as camas para os amigos: havia poucas. Deste ponto em diante, o número de peregrinos aumenta bastante e torna-se cada vez mais difícil encontrar alojamento. É que a *compostelana*, documento comprobatório da peregrinação, só é fornecida a quem percorre a pé ou a cavalo os últimos cem quilômetros.

Localizada à beira do rio Minho, Portomarín é dividida em dois bairros, *San Nicolás e San Pedro*, unidos por uma grande ponte reconstruída em 1960. Fundada em 993 com o nome de *Villa Portomarini*, abrigou tropas e grandes ordens militares. No século XI, teve sua primeira ponte destruída por ordem de doña Urraca, que impedia o avanço das tropas de Alfonso I, seu esposo. O albergue fica à margem direita do rio (bairro de *San Nicolás*), o mesmo onde, por encomenda dos *Cavalleros de San Juan*, foi construída, no século XII, a bela igreja-fortaleza de *San Nicolás* (também chamada de *Iglesia de San Juan*).

Fui com Jacques ao hospital para fazer assepsia e curativos nos pés. A recomendação era de que mantivesse os pés o mais secos e limpos possível e que fosse refazendo os curativos nos próximos postos médicos. Márcia e Peter foram ao supermercado comprar vinho, aperitivos, copos e talheres descartáveis para a festa, feita numa praça arborizada da cidade. Foi divertido: fotos e muitas brincadeiras. Em seguida fomos jantar – o tradicional menu –, com direito a sorvete de sobremesa, pago pelo aniversariante.

À saída do restaurante, presenciamos a grande festa de São João em frente à Igreja, com a queima da fogueira. Na Espanha, e em toda a Península Ibérica, as festas de São João são comemoradas preservando os costumes celtas, posteriormente assimiladas pelo cristianismo. As prefeituras promovem concursos e patrocinam os eventos. A imprensa faz a cobertura jornalística. Atualmente, a comemoração serve como protesto social. Soubemos que em Lugo, capital da província, houve uma grande "fogueira solidária contra a globalização". Nas fogueiras, assam-se bezerros e sardinhas, distribuídos com um bom vinho. Como parte do ritual, os jovens pulam a fogueira, fazem encantamentos e consultam oráculos.

Antes de nos recolhermos ao albergue, compramos para o café da manhã do dia seguinte a tradicional *Tarta de Santiago*:

Tarta de Santiago

Sobremesa típica da Galícia, a *Tarta de Santiago* é feita à base de amêndoas e ovos. Decorada com a cruz estilizada de Santiago, ou com a concha, é vendida em caixas por toda a região.

Ingredientes:

Massa: um ovo, 125g de farinha de trigo, 125g de açúcar, uma colher de café de canela em pó.

Recheio: 500g de amêndoas moídas, 500g de açúcar, 8 ovos, uma colher de canela em pó, raspas de limão, manteiga e açúcar glacê.

Como fazer:

Num recipiente, bater o ovo com uma colher de água, a canela e o açúcar. Acrescentar a farinha progressivamente, sem parar de bater, até obter uma massa fina. Abrir a massa com um rolo. Untar uma forma para a *tarta*, com manteiga e estender a massa. Esperar.

Recheio: Bater os ovos junto com o açúcar, as raspas de limão. Quando estiver bem batido, acrescentar a amêndoa moída. Continuar batendo. Encher com esse creme a forma, já com a massa. Colocar no forno já aquecido a 200°C para assar. Verificar se está assada com um palito. Deixar esfriar. Para decorar, polvilhar com açúcar e canela, com um molde da cruz de Santiago. Servir em temperatura ambiente, acompanhada de um bom vinho.

24 de junho – dia 26

Portomarín – Palas de Rei – 24 km – seis horas de caminhada

Dormi muito mal. Acordei várias vezes, preocupada em sair mais cedo da cama para ter tempo suficiente de preparar meus pés e não atrasar os amigos.

No café da manhã, compartilhamos o que tínhamos: pães, chá, *galletas* de chocolate e leite. Combinamos parar durante o trajeto para outra vez festejar o aniversário de Gerard e provar da *tarta* de Santiago.

Saímos de Portomarín às sete. A densa bruma que envolvia a cidade dava um ar místico à paisagem. O sol despontava sob a névoa no horizonte. Atravessamos o rio Minho por uma estreita passarela e seguimos as setas acompanhando a estrada. O guia dizia que "Santiago está a um tiro de vieira", mas meus pés, ainda frios, reclamavam.

Exceto Gerard, que caminhava sem problemas, todos reclamávamos. Hermine andava com dificuldade, com dores nas pernas e algumas pequenas bolhas. Márcia reclamava um início de tendinite. Jacques tinha bolha na planta do pé e alternava a bota com um sapato velho. Peter mostrava cansaço.

Logo depois de entrarmos em uma estreita trilha de terra, Gerard pediu que eu parasse um pouco. Os outros vieram chegando. Peter trazia a famosa *tarta*. Numa clareira, antes de entrarmos numa florestinha de pinheiros, sentamos e dividimos a torta. Logo que apareceu o primeiro peregrino, pedimos que fizesse uma fotografia do grupo, ação que ele repetiu com cada uma de nossas seis câmaras. Como recompensa, oferecemos um pedaço da *tarta*.

Ao percebermos que estávamos naquela clareira por mais de uma hora, ajeitamo-nos rapidamente e prosseguimos. Apressei o passo, acompanhando Gerard, que seguia à frente. Em um determinado ponto, ele comentou que todos permaneciam calados e reflexivos. Respondi que meus pés gritavam e, por isso, minha boca havia silenciado. Não havia como pensar em outra coisa senão chegar e tirar logo as botas.

Atravessamos riachos em meio a florestas, além de remanescentes povoados celtas, fazendas e hortas cultivadas. Observávamos os tipos de lavoura no sobe-e-desce do relevo. Gerard perguntava-me o nome das hortaliças em português e espanhol e dizia como se chamava em francês, árabe e alemão. Filho de militar francês, nasceu no Marrocos e conhecia várias línguas. Em alguns momentos, tirava da mochila um pequeno dicionário para esclarecermos alguma dúvida.

Com pressa em chegar, deixei Gerard um pouco para trás. De repente, denominando-se um TGV (trens franceses de alta velocidade), ele me alcançou com um buquê de flores silvestres. Disse que era um pequeno prêmio pela minha valentia em prosseguir tão rápido com os pés em tão mau estado. Logo depois, passamos pela *Fuente del Peregrino*, a 75 quilômetros de Santiago.

Depois de três horas de caminhada, paramos outra vez aguardando os amigos para mais um lanche compartilhado. Tirei as botas, as meias e as deixei secar. Estávamos a oito quilômetros de Palas de Rei, nosso destino daquele dia. Resolvemos ali que, pelo estado físico de todos, faríamos as últimas duas etapas em três dias. Provavelmente nos separaríamos, já que Peter tinha vôo marcado de volta a Bruxelas.

Quando chegamos no albergue em Palas de Rei, não havia mais lugares disponíveis. Nova reunião do grupo para decidirmos o que fazer. O próximo albergue estava a cinco quilômetros dali, mas não tínhamos garantias de que haveria vagas. A ambição pela *compostelana* fazia com que grupos de adolescentes espanhóis ou mesmo caravanas com carros de apoio ocupassem os refúgios antes da chegada dos verdadeiros peregrinos. Inconformados, mas sem opção, resolvemos nos alojar debaixo da escada de acesso ao segundo andar e em poltronas espalhadas pelos corredores. Com a ajuda de outros conhecidos, arranjamos emprestados isolantes térmicos, evitando a friagem da cerâmica.

De banho tomado, fui com Jacques ao centro médico refazer os curativos. A enfermeira disse que havia inflamação e todo meu pé estava muito ressecado (em Portomarín, haviam-me injetado *Betadine* nas bolhas, o que promoveu o ressecamento). Aplicou uma pomada antibiótica, *Silvaderma*, especial para tratamento de queimaduras, e orientou-me passar creme hidratante antes de dormir. Aconselhou-me, também, parar por uns dias. No entanto, depois da assepsia, eu me sentia bem melhor. Confiante, disse a Jacques que iria seguir com toda a turma. Bastava continuar percorrendo os centros médicos. Juntamo-nos aos outros e fomos a um restaurante próximo para o menu do peregrino.

De volta ao albergue, ajeitamo-nos para dormir sob a escada. Foi quando encontramos Tomás. O hospitaleiro de Manjarín vinha da festa de São João em Santiago. Ele me disse que, em Santiago, já sabiam do roubo da minha mochila ocorrido em Pamplona. Ressaltou que o verdadeiro caminho se faz com o coração, intimamente. E ao ouvido me disse já se despedindo: *Tienes la luz, eres virtuosa e serás una victoriosa.*

Um peregrino desceu as escadas. Havia desistido de ficar e ofereceu-nos sua cama, onde um de nós poderia dormir com maior conforto. Fui agraciada pelos amigos. Deixei a mochila junto às outras e subi. A solidariedade e a gentileza alheia outra vez se manifestavam inesperadamente.

25 de junho – dia 27

Palas de Rei – Arzúa – 28,6 km – sete horas de caminhada

Demorei a dormir, pensando nos amigos mal acomodados nos corredores do refúgio. Acordei de um sono pesado, às cinco e dez, com o despertador. Dobrei o saco de dormir e desci rápido. Os amigos já estavam de pé, sonolentos. Não conseguiram descansar. Hermine reclamava do frio da madrugada. Peter e Gerard foram incomodados pelo barulho da rua. Apesar disso, em dois ou três dias estaríamos em Santiago de Compostela, e essa proximidade de volta à realidade causava-nos uma certa ansiedade.

Havia a hipótese de nos separar a partir dali, e isso atordoava a todos. Peter e Hermine tinham cronograma definido de chegada devido a seus compromissos. Márcia iria encontrar Glyn, seu marido. Naquele dia, minha amiga pareceu estranha e não quis se abrir. Seguiu à frente acompanhada de Peter sem que eu os visse sair.

Seguindo o conselho da médica, refiz os curativos, usando uma dose maior de hidratante. As bolhas não apresentavam infecção e eu me sentia bem. Ainda estava escuro quando saímos sem comer, às seis e vinte, do albergue de Palas de Rei. A trilha seguia ziguezagueando por entre pequenas florestas de carvalho e pinheiros, por trechos de asfalto, por pequenos povoados e vilas repletas de histórias e lendas. Segui mais devagar, na companhia de Jacques, conversando sobre a saudade que já sentíamos de todos aqueles momentos compartilhados.

Cruzamos o povoado de San Xulián do Camiño. Ali há um pequeno templo românico do século XII. A história de San Xulián, tão discutida quanto imprecisa, conta que, quando soldado, Xulián matou por engano seus pais e, para purgar seus pecados, converteu-se em hospitaleiro até um anjo, em visita, comunicar-lhe o perdão divino.

Passamos por Pontecampaña, Casanova, Companilla e Coto, deixando para trás a província de Lugo. O tempo fresco e nublado não nos desgastava tanto. Meus pés ainda não reclamavam. Um pouco adiante, paramos para tomar café e encontramos os outros. Refizemos os cálculos de percurso e previsões de chegadas.

Segui, a partir daí, com Gerard, num passo mais acelerado. Na província de La Coruña, atravessamos antigas pontes e os povoados de Cornixa e Leboreiro, caminhando por uma calçada medieval. Uma novidade da arquitetura me chamou a atenção. Era um tipo de silo caracteristicamente galego, usado para guardar os cereais entre as safras agrícolas, de origem pré-romana e remanescente dos antigos habitantes celtas.

Por volta das dez horas, passamos pelo albergue de Melide, importante cidade da rota, assentada sobre restos pré-românicos e repovoada no século XIII a mando de Alfonso IX. Construído nos anos 1200 sobre um outro mais antigo, o importante *Monasterio-Hospital de Sancti-Spiritus* foi destruído pela Revolta dos *Irmandiños*, transformado hoje em Museu Etnográfico, preserva, no interior da *Iglesia Paroquial de Santa María*, um importante afresco do século XV, que representa Santiago como mata-mouros.

Como ainda era cedo e eu estava bem disposta, deixamos um bilhete aos outros e seguimos em frente, com intenção de parar em Arzúa, a aproximadamente treze quilômetros adiante. A hipótese de prolongarmos mais um dia a peregrinação ficava assim descartada, desde que aproveitássemos o frescor da manhã e não parássemos tanto.

Margeando a *carretera* N-547, atravessamos outras pequenas vilas e plantações de eucalipto. Um pouco à frente, passamos por um monumento erguido em homenagem ao jovem político Miguel Angel Blanco Garrido, morto pelo ETA em julho de 1997. Naquela ocasião, eu conhecera Xavi, o amigo de Barcelona, que estudava em Linares, na província de Jaen (Andaluzia), e pude acompanhar todo o desenrolar do crime. Toda a Espanha se mobilizou com manifestações públicas contra o ETA e seus violentos atentados. Passando pela região, percebi que a identidade basca supera o sentimento de ser espanhol.

A uma e meia da tarde, chegamos no albergue de Arzúa, que, por estar fechado, reunia uma grande fila de peregrinos. Torcíamos para que os outros chegassem a tempo de encontrar camas disponíveis dentre as 46 ofertadas. Deu certo! Registrados, fomos tomar banho: um dos banheiros estava em reforma e o outro, pequeno e sem *box*, disponível indiscriminadamente a todos. Sem escolha: tomamos banho enquanto outros se penteavam ou escovavam dentes. De qualquer forma, havia muito respeito e nenhum olhar mais audacioso me intimidou.

Deitei para descansar um pouco enquanto esperava os outros se aprontarem. Ao acordar, fiquei pensando em como a solidão é sempre dolorida: sempre gostei de compartilhar meus sentimentos com uma boa conversa, falo tudo o que penso, sem meias palavras, com a franqueza do momento. Por isso, às vezes sou mal interpretada, magôo ou assusto os amigos.

Ao levantar, Jacques novamente me acompanhou ao centro médico. Não adiantou apresentar a credencial de peregrinos: só fui atendida (atenciosamente, importante que se diga) depois de mostrar o boletim de ocorrência policial, que comprovava o roubo do seguro saúde.

Na volta ao albergue, juntamo-nos aos amigos para jantar em um restaurante típico. Comemos a famosa *paella*, especialidade galega, acompanhada de pão e regada a bom vinho. Conversamos amigável e descontraidamente a respeito da volta ao cotidiano. Não visitamos nenhum ponto turístico ou vestígio histórico da rota. Eu me sentia mais feliz do que na véspera, mais confiante e realizada com os frutos da empreitada.

26 de junho – dia 28

Arzúa – Arca – 19,4 km – quatro horas e cinqüenta minutos de caminhada

Acordei ainda sonhando. Desci do beliche com cuidado para não acordar quem dormia. Senti um misto de ansiedade e irritação entre os amigos franceses. Tentava aquietar meus sentimentos. Enquanto tomava café, pensei no que havia transcorrido naqueles dias e o que poderia advir.

Peter seguiu à frente, sozinho. Voltou para buscar o cajado que havia esquecido e pediu que o deixassem sozinho. Continuei atrás um pouco mais devagar. O trajeto definido para o dia era de menos de 20 quilômetros até Arca. Estávamos a pouco menos de 40 quilômetros de Santiago, mas decidimos cumprir esse percurso em dois dias.

A trilha peregrina atravessava prados e áreas de turismo rural: hotéis-fazenda, sinalização de trilhas alternativas para andarilhos, áreas de esportes e os pequenos povoados de Barrosas, Raide, Cortobe, Calzada, Calle, Boavista, Ras, Xen, Santa Irene, Rúa e Burgo, escondidos entre florestas de eucaliptos e pinheiros. Alguns vestígios de monumentos históricos (igrejas e cemitérios) e túmulos isolados de peregrinos mortos chamaram-me a atenção.

Meus pés doíam muito, mas tentava ignorá-los, seguindo em frente sem parar, querendo cumprir o trajeto do dia para me ver livre das botas. Pensava na morte daqueles peregrinos enterrados ali. Estavam muito perto do destino final! Como teriam vivido aquelas pessoas? Quais teriam sido seus feitos, seus sonhos? Por que tentaram cumprir aquela peregrinação? Por que as famílias os deixaram ali, sepultados? Era como atravessar o oceano e morrer na praia. Quais seriam as leituras possíveis para aquela fatalidade?

O que então haveria de especial no tão falado Caminho de Santiago? De concreto estávamos tendo a oportunidade de nos afastar de nossos cotidianos, o que nos possibilitava uma reflexão com distanciamento suficiente para uma crítica mais honesta de nós mesmos, de nossos atos, nossas maneiras de relacionar com o mundo e com as pessoas. Não sabia como seria minha vida após a volta para casa, mas pressentia que meus amigos me cobrariam algum tipo de mudança.

Consegui cumprir o trajeto em quase cinco horas de caminhada. Em alguns trechos, fui acompanhada por Gerard, que percebeu que eu caminhava com muita dificuldade, parando muito. Estava difícil permanecer calçada, mas era impossível caminhar sem as botas. Não havia solução senão caminhar o mais rápido possível. Em um determinado trecho, segui a *carretera*, economizando alguns metros em relação à trilha de pedestres.

Por volta de onze e meia, chegamos ao refúgio de Arca, que ainda estava fechado. Na fila, encontramos muitos peregrinos que não víamos há muito: Luís, o madrileno amante da boa literatura e seu amigo chileno, Carlos; Ruither, que ansiava contar sua aventura solitária à caverna de Peñalba; Anselmo, que não víamos desde Los Arcos.

Fazia frio, e eu sentia tanto incômodo que resolvi não sair do albergue nem para ir ao posto médico. Tomei banho e cuidei eu mesma dos pés, com os medicamentos que tinha ou os disponíveis na farmácia do albergue. Pressentia que estaria melhor no dia seguinte, já que havia percebido a alternância da minha capacidade em resistir às dores desde Portomarín.

Entre os amigos franceses, o clima não estava agradável. Havia acontecido momentos de alguma intimidade que geraram mal-entendidos e posicionamentos contraditórios entre Hermine, Jacques e Márcia. Peter achava infantis os desacordos e permaneceu neutro. Eu procurava conciliar e acalmar os ânimos. Gerard contornou tudo de uma maneira polida e neutra: prontificou-se a cozinhar nosso último jantar compartilhado e pediu que Márcia providenciasse o vinho.

Enquanto Gerard preparava a massa na ampla cozinha e Márcia buscava o vinho em um pequeno mercado ao lado do albergue, eu lavava nossas roupas numa máquina automática. Ruither então me contou sobre sua experiência. Ele havia ido até Peñalba, um lugarejo fora da rota do Caminho de Santiago, por sugestão de Tomás, o hospitaleiro de Manjarín. Esse lhe dissera ter o peregrino, naquele lugar, a oportunidade de ver respondidas as suas questões. Ainda em Ponferrada, Ruither havia nos consultado se deveria ou não atender à sugestão de Tomás. Naquela ocasião, Márcia foi categórica, dizendo que ele só saberia se arriscasse. Seria melhor ele se arrepender de ter ido do que ficar com a possibilidade rondando seus pensamentos.

Peñalba é um lugar escondido dentro do Vale do Silêncio. Só existe condução um dia por semana e ele, por sorte, conseguiu chegar. Lá, pôde ver a Via Láctea, dormiu na caverna onde viveu São Genadio (antigo bispo de Astorga, no ano de 920), acendeu uma fogueira para se livrar do medo do escuro e, quando conseguiu dormir, teve pesadelos assustadores: velhas jogavam-no precipício abaixo. Aquela tinha sido a noite mais longa de sua vida – dizia-me ele.

Convidamos Ruither para nosso último jantar. Depois, recolhi as roupas, separei as minhas e as da Márcia e subi para dormir. No dia seguinte, estaríamos chegando a Santiago: misto de alívio, ansiedade e sensação de missão cumprida. Eu faria uma etapa a mais até Finisterra, mas ainda não sabia como iria até lá. Tudo dependeria de como estivessem meus pés, do que faria em Santiago, quais surpresas encontraria e quais as exigências do novo dia.

27 de junho – dia 29

Arca – Santiago de Compostela – 19 km – cinco horas de caminhada

Eram seis horas e ainda estava escuro quando saímos do albergue de Arca. Gerard foi o primeiro a sair, procurando as marcas do caminho com a lanterna. Atravessou o asfalto e meteu-se numa pequena floresta de eucaliptos. Acompanhei em silêncio, caminhando bem melhor que na véspera. Um pouco à frente, encontramos um outro grupo de peregrinos vindos de outra direção: estavam perdidos. Demoramos um pouco até encontrarmos uma seta pintada numa pedra. Seguimos todos, cada um no seu ritmo.

O dia amanhecia entre brumas, criando um aspecto misterioso e mágico. Uma estrela brilhava forte no céu. A brisa suave fazia dançar a copa das árvores. Sozinha e admirando a exuberante natureza da Galícia, eu repensava os momentos, relembrava as pessoas encontradas e analisava os frutos colhidos naqueles últimos 30 dias: o esforço de atravessar os Pirineus, a decepção de ter tido roubada a mochila, o apoio e o carinho de Iracema e João; as brincadeiras de Luciano; os questionamentos de Gustavo e George; a companhia permanente (embora, às vezes, distanciada) da Márcia; a perseverança da Célia; a amizade da Beth; a inquietude do Ruither, a serenidade de Gerard; o sorriso do Fernando; o carinho de Lino, o italiano de Ítero del Castillo; a generosidade de Carlos, o chileno, que me contou a lenda do galo em Santo Domingo; a dedicação de André, ao servir melhor cada peregrino e sua curiosidade em saber mais minhas histórias; Tomás, Jato e todos os demais hospitaleiros, que se sujeitam ao serviço abnegado de acolher tantas pessoas de tão diferentes costumes, credos e nacionalidades... Aprendera a aceitar as diferenças, os desejos opostos e a natureza contraditória dos pares. Agradecia aos deuses por ter vencido, pouco a pouco, a minha luta interna para sair do estado depressivo. Mais soberano que meus desejos, o deus Saturno comandava o infindável novelo do tempo. Apesar de ainda me restar o caminho de volta, com todas as curvas e encruzilhadas inerentes, percebia ter chegado ao centro do meu labirinto.

Seguimos cruzando a *carretera*, que cortava a densa e perfumada floresta de eucalipto e pinho até atravessarmos o povoado de Amenal. A partir do povoado de Cimadevila, o caminho continuava numa progressiva descida, bordeando o aeroporto Lavacolla, de Santiago de Compostela. O trânsito de aviões e o crescente número de peregrinos que convergiam à cidade criavam um clima festivo ao momento. Lavacolla (ou Labacolla) é descrita no *Codex Calixtinus* de Aymeric como o lugar onde ocorria o último ritual de higiene antes da chegada à famosa catedral.

> Existe um rio chamado Lavacolla porque, numa paragem frondosa por onde ele passa, a duas milhas de Santiago, os peregrinos de nacionalidade francesa que se dirigem a Santiago, tiram a roupa e, por amor ao apóstolo, lavam não só suas partes, mas também a sujeira de todo o corpo.

Logo adiante, uma placa anunciava que estávamos nos limites urbanos da cidade de Santiago de Compostela. Às nove e quinze da manhã, depois de passarmos pelas últimas casas com características arquitetônicas dos celtas, chegamos ao Monte do Gozo – de onde avistamos pela primeira vez a Catedral de Santiago, ainda sob névoa – e atingimos seu imenso complexo hospitaleiro, um lugar moderno com vários pavilhões, com capacidade para alojar 800 pessoas. Além de funcionar como refúgio de peregrinos, serve de alojamento esportivo e está inscrito no Guia do *Hostelling International* como albergue da juventude. O complexo dispõe de lanchonetes, restaurantes, centro médico, lojas, central de informações turísticas e estabelecimentos bancários. Diferentemente dos demais refúgios, os peregrinos podem permanecer por até três dias.

O alojamento só abria à tarde. Enquanto esperamos a chegada dos amigos franceses, troquei minhas meias por outras limpas e secas. Ainda com as mochilas, caminhamos os últimos cinco quilômetros até a Catedral de Santiago, passando por muitas construções *jacobeas* do bairro de San Lázaro. Dentro das muralhas da velha Santiago de Compostela, senti um ar festivo criado pelo som de gaitas de fole e pelo grande número de turistas que chegavam. Os peregrinos se confraternizavam por meio de abraços e trocas de pequenos presentes. A sensação de "missão cumprida" para muitos se encerrava ali, depois de completados os últimos rituais, que incluíam a visita ao túmulo do apóstolo São Tiago (Santiago), abraço à sua imagem, preces e agradecimentos. Eu me sentia em paz.

Antes da missa, celebrada ao meio-dia, por vários sacerdotes, fomos tratar da obtenção da *compostelana.*

Naquele dia, a missa teve uma atração especial: o *botafumero* foi acionado, perfumando de mirra todo o ambiente da igreja. Esse grande incensário necessita da força de vários homens para funcionar. É usado apenas em determinadas comemorações ou quando há alguma oferta em dinheiro, como aconteceu na ocasião.

Durante a missa, visitei a cripta do apóstolo e sua imagem no altar e fiz meus rituais de agradecimentos. Senti uma energia de serenidade dentro da igreja, diferentemente de quando conhecera a catedral, em 1993. Percebi a verdade da frase *la meta no es Santiago, la meta es el camino,* encontrada no refúgio de Nájera.

Depois da solenidade, e ainda com as mochilas, juntamo-nos aos franceses e fomos a um requintado restaurante comemorar a chegada. Havia uma certa ansiedade em cada um por prosseguir sua vida sem a indicação das setas amarelas. Ali, nos despedimos todos. Hermine e Gerard partiram juntos: cada um ia se hospedar em um hotel, onde teriam mais privacidade e conforto. Voltariam às suas casas no dia seguinte. Peter foi direto ao aeroporto. Seu vôo de volta a Bruxelas estava marcado para aquela tarde.

Jacques e eu voltamos ao albergue do Monte do Gozo. Márcia nos acompanhou até um ponto de ônibus e resolveu passar aquele dia também num hotel. Combinamos de nos encontrar no dia seguinte, na rodoviária da cidade, logo depois do almoço, para irmos até Finisterra, onde faríamos os nossos últimos rituais.

Ao chegarmos ao *Monte do Gozo*, instalamo-nos. Imediatamente saímos para visitar a cidade, comprar pequenas lembranças, verificar horários de ônibus e trens. Jacques voltaria à França depois de Finisterra, e eu seguiria para Pontevedra, onde buscaria a certidão do meu bisavô, e, em seguida, para a cidade do Porto, em Portugal.

O ponto central da cidade é a *Plaza de Obradoiro*, onde está localizada a Catedral de Santiago. O número de pessoas que transitavam ali durante todo dia era impressionante: peregrinos que voltavam sem as mochilas, artistas de rua, turistas de todas as idades, jovens universitários. Ficamos sabendo que, no *Hostal de los Reys Católicos*, eram servidas refeições gratuitas por até três dias aos peregrinos que ficassem na cidade e portassem a *compostelana*. O luxuoso hotel, fundado em 1492 pelos reis Fernando e Isabel, a católica, faz parte de uma rede de hotéis de alto luxo. É administrado pelo governo espanhol e considerado residência oficial dos atuais reis. Combinei com Jacques que, no dia seguinte, aceitaríamos aquela gentileza oficial, cumprindo o último ritual peregrino na cidade.

A construção mais imponente da *Plaza de Obradoiro* é, sem dúvida, a Catedral de Santiago. Sua fachada em estilo neoclássico foi reconstruída em 1757, sobre a antiga, do século XII. A catedral reúne vários estilos arquitetônicos e técnicas usadas em vários outros templos do caminho. Sua planta consta de três naves divididas por arcos e tem formato da cruz latina, com 98 metros de comprimento e 67 de largura. À frente da catedral, está a prefeitura da cidade e parte do governo estadual da província.

Nessa mesma praça, localiza-se, ainda, à frente do *Hostal de los Reys Católicos*, a atual reitoria da *Universidad de Santiago*. O prédio já abrigou o *Colegio de San Jerónimo*, fundado pelo arcebispo Alonso III Fonseca. Sua fachada datada do século XV é remanescente do antigo *Hospital de La Azabachería*.

A cidade de Santiago de Compostela é a capital da Galícia, província que, de acordo com a constituição democrática espanhola de 1978, é uma das 17 Comunidades Autônomas da Espanha.

28 de junho – dia 30

Santiago de Compostela – Finisterra – duas horas e meia de ônibus

Acordei com o barulho irritante de alguns dos companheiros de quarto que saíam sem o mínimo cuidado com os que ainda dormiam. Senti que ali já não havia o "espírito solidário peregrino". Apesar disso, uma sensação gostosa de não ter hora para sair da cama me fez permanecer um pouco mais. Sem compromissos, eu tinha toda a manhã para ficar curtindo preguiça. Jacques, que também se alojou no mesmo quarto que eu, estava tranqüilo. Depois que todos saíram, levantamo-nos calmamente e fomos nos aprontar: um banho mais demorado, sem filas. Organizei a mochila, esperei um pouco por Jacques e descemos à cidade.

Em um pequeno bar, tomamos um café com *croissants* e, como ainda era cedo, ficamos perambulando pela grande Santiago. Por acaso, deparamo-nos com a *Rúa da Senra*, uma ruela da região central da cidade. Jacques fez questão de fotografar-me debaixo da placa da rua, achando inusitada a coincidência de termos encontrado ali meu nome de família. Comentei que era um nome comum naquela região, mas raro no Brasil.

Entramos em uma loja: comprei um pequeno brinco de motivos celtas e o CD *Aires da terra*, do grupo *Milladoiro*, que escutara n'O Cebreiro. Jacques comprou um pequeno regalo para sua namorada francesa. Era agradável caminhar por aquelas ruelas cheias de peregrinos recém-chegados, colegiais, universitários, turistas ao som das gaitas típicas dos artistas locais. Encontramos Gustavo e sua mãe, Anselmo e alguns outros peregrinos que conhecíamos, além de Célia, que comemorava em prantos sua chegada à catedral.

Ao meio-dia, por curiosidade e para cumprir o último ritual na cidade, Jacques e eu nos dirigimos ao *Parador de los Reys Católicos.* Não havia filas. Além de nós, somente um casal de peregrinos franceses estava ali com a mesma finalidade. Fomos orientados a solicitar uma senha na portaria secundária. Voltamos à entrada principal do hotel, de onde fomos conduzidos à cozinha. O cardápio era composto de uma sopa de grão de bico como entrada, batatas fritas com frango, como prato principal, e pão, água e vinho. De sobremesa, uma deliciosa torta de limão. Almoçamos na copa decorada com motivos *jacobeos.* Terminada a refeição, solicitaram-nos recolher as bandejas de volta à cozinha e nos conduziram à saída principal do hotel.

Depois da comida, seguimos rápido para a *Estación de autobuses*, de onde seguimos para Finisterra. Márcia já nos esperava. Após conferir horários de ida e volta, Jacques constatou que não poderia seguir conosco. A despedida nos tocou fortemente. Dos amigos franceses, Jacques foi o mais solidário, mais brincalhão, sensível e aberto. Nossas lágrimas rolaram, mas ficava a certeza de uma amizade cristalizada.

O ônibus já partia, e tivemos de entrar rapidamente. Por duas horas e meia apreciamos mais um pouco da bela paisagem galega: atravessamos vários pequenos povoados, áreas cultivadas e muitos daqueles silos para armazenamento de cereais. O ônibus seguia parando de vila em vila, deixando e recolhendo passageiros. Dormi um pouco.

Eram quase quatro da tarde, e o céu estava cinzento quando chegamos a Finisterra. O ponto final, local da nossa descida, ficava em frente ao mar: cais, barcos ancorados, muitas gaivotas. A cidade estava quase deserta (era hora da *siesta*) e uma densa névoa me fazia sentir como se tudo estivesse em câmara lenta ou não fosse real. Estávamos no fim do mundo! Apesar de estar fechado o albergue da cidade, pudemos deixar nossas mochilas.

Um pouco à frente, ouvimos uma música familiar, vinda de um único bar aberto – o *Bar Galeria – tapas e conversas* –. Entramos. Tocava Maria Creuza e Toquinho! O ambiente decorado com objetos marítimos me chamou a atenção: um grande painel com fotos antigas e recentes e coisas inusitadas deixadas pelos clientes. Livros raros e variados de história, mitos e lendas em diversos idiomas sobre a cidade, o mar e a região. Também uma vasta discoteca com CDs e LPs dos vários cantos do mundo. Dali pudemos ver o mar. O dono do bar nos cativou com sua curiosa conversa e histórias ouvidas de tantos marinheiros e peregrinos que ali chegavam. Apesar de nunca ter saído da Galícia, Roberto Traba conhecia o mundo. Ele nos mostrou uma pasta com recortes de crônicas que publica no jornal *La voz de Galícia.*

Tomamos um café demorado e ficamos de voltar outra vez. Quando mostramos nossas credenciais de peregrinas, Traba se apressou em dizer: "Depois de *sellar* no albergue, tragam-nas aqui. Será o último carimbo de vocês. Aqui é o fim do mundo!"

Antes do escurecer, subimos uma estrada estreita asfaltada e bordeada de pinheiros. Ela nos levaria ao cabo de Finisterra, distante quatro quilômetros do centro da cidade, o ponto extremo oeste do continente europeu. É onde está o farol de orientação aos navios. Enquanto subia, recolhia gravetos de pinho para a fogueira.

Quando chegamos ao extremo, subi por uma trilha estreita até um rochedo à direita do farol. Saudei os quatro elementos, pedi pela clareza de pensamentos e pela melhoria da comunicação e entendimento entre as pessoas. Acendi a fogueira com os gravetos recolhidos, algumas peças de roupa e objetos que eu levara. Fui tomada por uma sensação de transe. Sob neblina cada vez mais densa, pouco ou nada se podia ver. O mundo parecia pouco real e eu me entregava inteiramente àquele momento. Um forte apito do farol sinalizava aos navios que se aproximavam. Ouvi-o como o anúncio de uma "boa nova".

Consumado o ritual, espalhei as cinzas para que não houvesse perigo de propagação do fogo. Descemos ao farol e, em um pequeno restaurante, comprei cartões postais que reforçam a tradição da feitura de poções de encantamentos e esconjuros remanescentes dos celtas.

De volta à cidade, encontramos Ruither, que levava sua mochila para ser queimada. Ele nos preveniu que, por termos chegado ali de ônibus, talvez não pudéssemos pernoitar no albergue e nos indicou o hotel onde estava hospedado. Agradecemos e voltamos ao refúgio.

Fomos muito bem recebidas pela hospitaleira, que rapidamente me mostrou a farmácia para as bolhas ainda existentes. Pediu que nos registrássemos, carimbou nossas credenciais e logo expediu a *finisterrana* como prova de termos chegado ali.

Voltamos ao Bar Galeria, que se intitula um serviço de informação extra-oficial, conforme anuncia o cartão dado por Roberto Traba. Alguns clientes locais nos perguntaram sobre a situação da seleção brasileira daquele momento, ainda não definida para a próxima copa de futebol. Realçavam o talento dos jogadores, especialmente Roberto Carlos, Rivaldo e Ronaldinho.

Entre um e outro gole de café com leite quente, a conversa prosseguiu com assuntos variados até por volta das dez da noite, quando tivemos que nos recolher ao refúgio. Nossas credenciais foram *selladas* pela última vez.

Eu sentia frio. Um bom banho quente antes de dormir foi o fecho de ouro para aquele último dia de peregrina. Havia poucas pessoas alojadas no albergue e pudemos dormir com tranqüilidade no amplo quarto com quatro beliches. O ônibus de volta a Santiago saía às sete da manhã: deveríamos acordar cedo.

Às seis horas, levantamo-nos. O céu continuava cinza e garoava fino. No ponto de ônibus, encontramos Ruither, já sem nenhuma bagagem. Havia queimado tudo na tarde anterior. Eu estava sonolenta e acabei novamente cochilando enquanto o ônibus cambaleava pelas curvas da estrada.

Chegando a Santiago, despertei ao som da música *Dust in the wind*, num magnífico arranjo de algum grupo galego que não pude identificar. A música de Kerry Livgren sintetizava todo o meu sentimento:

> ...fecho os meus olhos somente por um momento
> e esse momento se vai.
> Todos os meus sonhos passam diante dos meus olhos,
> uma curiosidade,
> Poeira ao vento
> Tudo o que somos é poeira ao vento...

Na rodoviária, não tivemos muito tempo. Segui para Pontevedra imediatamente, mas acabei não encontrando a certidão do meu bisavô. Descobri que seu registro encontrava-se na aldeia de Carballedo, cujo cartório só abria às terças e quintas-feiras. Apesar disso, no *Xulgado de Pontevedra*, conversando com atendentes e outras pessoas que faziam a mesma busca, sentia-me como em casa e entre pessoas da família. Fiquei de voltar uma outra vez, como se tivesse me deslocado apenas para um bairro da minha cidade. Senti-me leve como "poeira ao vento..."

Ah... As cerejas? Eu continuo buscando-as.

O Caminho de Santiago
Caminho Francês
França
Espanha
Portugal
N
Finisterra
Santiago de Compostela
Monte do Gozo
Arzúa
Palas de Rei
Portomarín
Sarria
Samos
Triacastela
O Cebreiro
Villafranca del Bierzo
Ponferrada
Rabanal
Puente y Hospital de Órbigo
León
Mansilla de las Mulas
El Burgo Ranero
Sahagún
Carrión de los Condes
Frómista
Castrojeriz
Hornillos
Burgos
San Juan de Ortega
Belorado
Santo Domingo de La Calzada
Nájera
Logroño
Los Arcos
Estella
Puente La Reina
Pampiona
Roncesvalles
Saint Jean Pied-de-Port
Espanha
Portugal

Dia 1 - Saindo de Saint-Jean, Márcia, eu e George. À primeira vista, o visual é bem familiar: lembra o interior e as montanhas de Minas.

Dia 3 - Ponte medieval sobre rio Arga, chegando a Villava/Atarrabia.

Dia 3 - Plaza Sarasate – Pamplona. Anselmo e eu, pouco antes do roubo da minha mochila. Cuidado, pode haver ladrões à espreita.

Dia 4 - Alto da Sierra del Perdón - Monumento erguido pela *Asociación de Amigos del Camino de Navarra*, em 1996: *Donde se cruza el camino del viento com el de las estrellas.* Ao fundo, moinhos de energia eólica.

Dia 5 - Quase em Estella, as primeiras cerejeiras do caminho, que não resisti em experimentar.

Dia 8 - Quase em Nájera, num muro da antiga fábrica de farinha, Eugenio Garibay (pároco) deixa um dos mais belos poemas aos peregrinos.

Dia 8 - No albergue de Nájera, as botas não sobem aos quartos.

Dia 10 - Só quando amanheceu percebemos que tínhamos tomado um caminho errado. Foram mais de 5km de engano e quase duas horas, em vão.

Dia 10 - Entre plantações de trigo, peregrinos seguem o caminho sinalizado.

Dia 10 - Peregrinos aguardam abrir o albergue em Belorado.

Dia 11 - Muitas descidas e subidas entre Belorado e San Juan de Ortega.

Dia 11 - "O milagre da Luz" em San Juan de Ortega.

Dia 12 - Burgos - passeata *un dia sin coches* – o carro fica na garagem.

Dia 12 - Fachada gótica da belíssima
Catedral Metropolitana de Santa Maria de Burgos.

Dia13 - O tradicional cruzeiro do Caminho de Santiago,
logo depois de Hontanas, ao amanhecer.

Dia 13 - Convento de San Antón, um ponto isolado
entre Hornillos del camino e Itero del Castillo.

Dia 13 - Saindo de Castrojeriz, encontramos pastores recolhendo suas ovelhas.

Dia 13 - Ermita de San Nicolás – Após a cerimônia de "lava-pés", éramos 13 pessoas à mesa.

Dia 14 - Boadilla del camino, fundos da Igreja de Santa Maria, *Rollo Jurisdiccional*, onde eram julgados e, se condenados, amarrados os réus.

Dia 14 - Fromista – Igreja San Martin, melhor modelo da arquitetura românica espanhola do século 10.

Dia 14 - Seguindo a estrada, placas indicam distâncias. Muito ainda nos falta para Santiago!

Dia 15 - Sahagún – as corridas de touros remetem ao labirinto de Teseu e do Minotauro.

Dia 17 - Depois de muito caminhar sem sombras, num canteiro de obras de manutenção da rodovia, quase em León, vejo meu nome de família.

Dia 17 - Num restaurante em León, com os amigos peregrinos Peter, Jacques, eu, Márcia, o jovem francês e Gerard.

Dia 17 - Belíssima Catedral de Santa Maria de la Regla, em León.

Dia 18 - Em Valverde de la virgen: as cegonhas fazem seus ninhos nas torres da igrejas.

Dia 19 - Famosa *Puente de Órbigo* sobre o rio do mesmo nome.

Dia 19 - Exuberante Catedral de Santa Maria, de Astorga.

Dia 20 - Bar *Cowboy*, em El ganzo.

Dia 20 - Pastos divididos com pedras, pastores e cães pastoreiam.

Dia 20 - Chegando em Manjarín, lugar fantasmagórico, cheio de magias.

Dia 20 - Cruz de Ferro, ponto máximo de altitude e energia telúrica do caminho, onde peregrinos de todo o mundo deixam pedras.

Dia 20 - Tomás Martinez, o hospitaleiro da única habitação em Manjarín, é da Ordem dos templários.

Dia 21 - El Acebo, vila de uma única rua-caminho parece deserta, primeira vila de *El Bierzo*.

Dia 22 - Ponferrada - Castelo dos Templários.

Dia 22 - Em El bierzo, a cooperativa de vinhos homenageia os peregrinos: *Con pan y vino se anda el camino.*

Dia 22 - A trilha cruza áreas plantadas de vinhedos.

Dia 22 - Igreja de Santiago em Villafranca del Bierzo,
à direita fica o albergue Ave Fênix.

Dia 22 - O hospitaleiro "mago" Jesús Jato mostra a luz do equinócio. Era dia 21 de junho.

Dia 23 - Finalmente chegamos à Galícia. Agachados Gerard e Peter; eu e Herminie de pé.

Dia 23 - Placa na entrada d'O Cebreiro,
a vila celta que guarda o cálice do Santo Graal.

Dia 23 - Vila celta d'O Cebreiro.

Dia 24 - Hospital da Condesa, uma parada para refrescar.

Dia 24 - Monastério de Samos: um dos monastérios mais antigos da Europa.

Dia 24 - A paisagem galega é exuberante e acolhedora.

Dia 25 - Igreja-fortaleza de San Nicolás, obra do século XII, em Portomarín.

Dia 26 - Celebramos o aniversário da Gerard com a tradicional *tarta* de Santiago: Da esquerda para a direita: Herminie, eu, Peter, Gerard, Márcia e Jacques.

Dia 27 - Quilômetros finais – cemitérios à beira do caminho.

Dia 29 - A famosa Catedral de Santiago de Compostela.

Dia 30 - Cabo de Finisterra: último ritual de peregrina.
Queima das roupas no extremo oeste da Europa.

Qualquer livro do nosso catálogo não
encontrado nas livrarias pode ser pedido
por carta, fax, telefone ou pela Internet.

Gutenberg Editora

Rua São Bartolomeu, 160 – Nova Floresta

Belo Horizonte-MG – CEP: 31140-290

Telefone: (31) 3423 3022

Fax: (31) 3446 2999

e-mail: editora@gutenbergeditora.com.br

vendas@gutenbergeditora.com.br

Contato com a autora:
E-mail: *rsenra@yahoo.com*

Este livro foi composto em tipologia Minion Condensed 12/16,
e impresso em papel Top Print 90gr. na Editora Betânia.
Belo Horizonte, maio de 2004.